Título original: *Les conquérants des mers*
© 2009, Bayard Éditions Jeunesse
© 2011, de esta edición, Combel Editorial, S.A.
Casp, 79 · 08013 Barcelona
Tel.: 902 107 007
www.combeleditorial.com
Traducción: Núria Riambau
Primera edición: febrero 2011
ISBN: 978-84-9825-644-4
BAYARD/06/102809-1/DEC-2010

La colección Images Doc ha sido concebida a partir del fondo editorial de la revista,
en estrecha colaboración con la redacción.
Images Doc es una revista mensual editada por Bayard Jeunesse.

Diseño gráfico: David Alazraki
con la participación de Studio Bayard Éditions Jeunesse
Maqueta: David Alazraki
Búsqueda iconográfica: Françoise Jacob

Catherine Loizeau

Los conquistadores de los mares

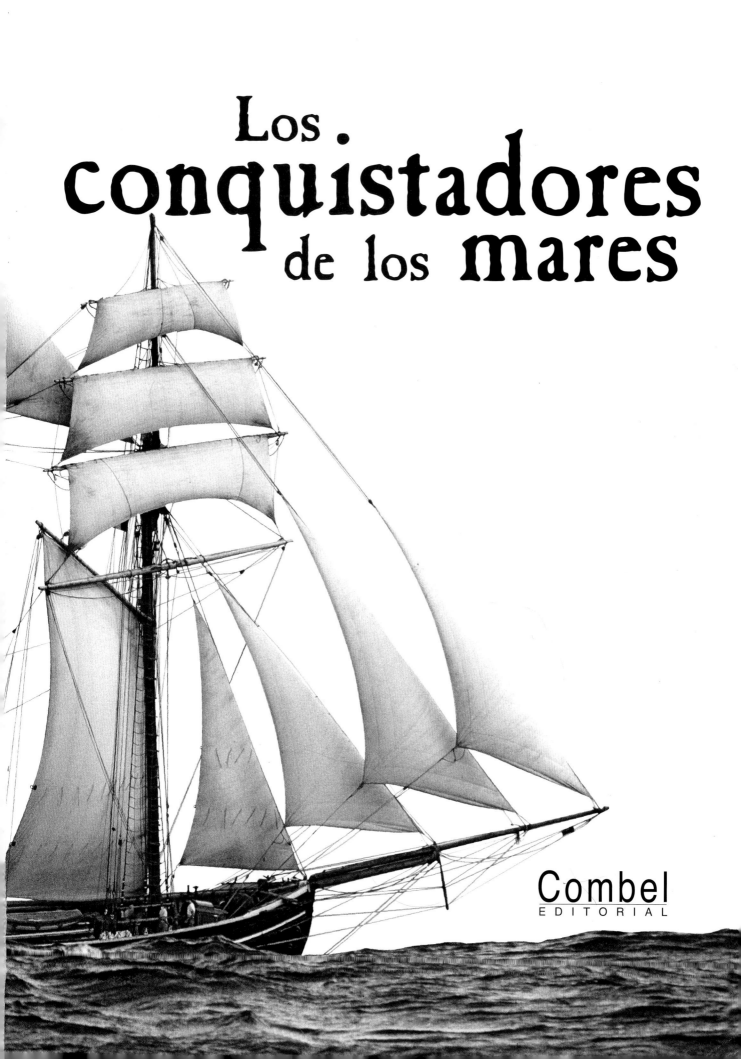

Combel
EDITORIAL

Los conquistadores de los mares

El Mar

Desde que la especie humana se puso a andar
sobre la Tierra, los hombres han intentado meter el pie
en el agua. Al principio, observaban el mar desde la costa.
Soñaban con partir hacia esa inmensidad.
Un día respondieron a su llamada. Y se lanzaron
a su conquista...

EL PLANETA AZUL
Pacífico, Atlántico, Índico, Ártico
y Antártico: los cinco océanos y los
mares cubren aproximadamente
tres cuartas partes de la superficie
de la Tierra. Contienen el 97,5% de sus
reservas de agua.

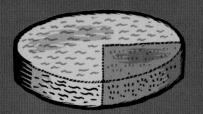

UN MAR QUE ABASTECE
Sal, peces, conchas y crustáceos:
el mar nos abastece desde hace
milenios. Sin embargo, los hombres
se dedican también a explotar sus
energías: indudablemente el medio
marino posee recursos excepcionales.

UNA CUNA DE CIVILIZACIONES
A orillas del mar han nacido civilizaciones
muy prósperas. Durante mucho tiempo,
el litoral permaneció prácticamente
deshabitado. Pero actualmente el 20%
de la población mundial vive al borde
del mar.

UNA TIERRA DE AVENTURAS
Gentes del mar, descubridores
y exploradores viven en el mar fabulosas
aventuras humanas, científicas y
guerreras. En la actualidad, los hombres
lo desafían con los deportes extremos.

UNA VÍA DE COMUNICACIÓN
Desde la Antigüedad, el mar guía
hombres y mercancías. Transporta
ejércitos, traslada a poblaciones
de un país a otro, difunde creencias
y modos de vida.

UN PATRIMONIO ÚNICO
En la actualidad sabemos que la
contaminación, el exceso de pesca,
el calentamiento climático y otros
desastres amenazan el frágil
ecosistema del mar. Los hombres
se movilizan para protegerlo.

RUMBO AL MEDITERRÁNEO

En la Antigüedad, entre los siglos XI y IV a. de C., los fenicios surcan las calmadas aguas del Mediterráneo en verano.

NAVEGANTES EXPERIMENTADOS

Al principio de su historia, los fenicios navegan por la costa. Primero entablan relaciones con los habitantes de Chipre, una isla vecina. Después se animan y se aventuran hacia islas y tierras desconocidas: África del Norte, Sicilia, Cerdeña e incluso España.

MERCADERES HÁBILES

Los fenicios exportan aceite, vino, pequeñas vasijas de cristal, y madera que sirve para fabricar navíos y armazones. Transportan oro y marfil de África, cobre de Chipre y plomo de España a sus ciudades. Puesto que son imbatibles en los negocios, acaban controlando el comercio en todo el Mediterráneo.

BARCOS ROBUSTOS

Los buques mercantes son redondos y abombados. Miden de veinte a treinta metros de longitud. Los especialistas en navegación piensan que recorrían una cincuentena de kilómetros al día. A pesar de que los fenicios son más bien pacíficos, también poseen buques de guerra.

NAVEGACIÓN DIURNA Y NOCTURNA

Los fenicios no vacilan en aventurarse hacia alta mar. Navegan a vela. Los remeros toman el relevo cuando el viento amaina. Por la noche, como no existe la brújula, los pilotos se guían por las estrellas.

¡Son los primeros en hacerse a la mar!

Los fenicios son originarios de la región en la que actualmente se sitúan el Líbano y Siria. El territorio que ocupan está formado por una franja de tierra estrecha entre mar y montaña. Algunos fenicios son agricultores, otros son artesanos y mercaderes que viven en ciudades próximas al mar, una invitación a hacerse a la mar. Se convierten en los primeros navegantes en surcar el Mediterráneo.

UNA VELA CUADRADA tejida con lino de Egipto.

A veces se transportan ANIMALES en la cubierta.

EL CASCO es de madera y está montado con espigas y muescas.

ASFALTO, un material extraído del petróleo que permite que el casco permanezca impermeable.

Inventan y difunden el alfabeto

En la historia de la escritura, los fenicios han desempeñado un papel capital. Hacia el año 1400 a. de C. inventan un primer alfabeto a partir del cuneiforme. Se compone de consonantes. Posteriormente, sus mercaderes lo difunden por todo el Mediterráneo. Los griegos lo enriquecen con vocales. Es el origen de los alfabetos europeos.

LOS BUQUES MERCANTES FENICIOS son conducidos por navegantes experimentados. Disponen de profundos diques que permiten transportar mercancías pesadas.

UN MÁSTIL central.

Dominan el Mediterráneo

Los fenicios viven en ciudades. Las más conocidas son Biblos, Sidón y Tiro. Cada una de ellas está dirigida por un rey. Los navegantes y los mercaderes de Tiro dominan el Mediterráneo.
Hacia el año 800 a. de C. fundan Cartago, una ciudad cercana a la actual Túnez, que se convertirá en una importante ciudad marítima antes de ser destruida por los romanos.

Los FENICIOS
se hacen a la mar

UN REMO en cada lado que sirve de timón.

ÁNFORAS PEQUEÑAS llenas de ungüentos, cremas perfumadas.

ÁNFORAS GRANDES llenas de vino, aceite o cereales.

LINGOTES de estaño o cobre.

LOS HOMBRES PÚRPURA

Los griegos fueron los que bautizaron a los fenicios. Este nombre proviene de un nombre griego, *phoinix*, que quiere decir 'púrpura'. En efecto, los mercaderes fenicios llevan ropa de color púrpura o roja. Obtienen esta tonalidad a partir de un molusco, el *murex*, que se encuentra en abundancia en sus costas.

Los GRIEGOS dioses de los MARES

Con los ojos fijos en el mar

El mar abastecedor y misterioso atrae al pueblo griego. Ya desde el siglo VIII a. de C., algunos abandonan sus islas y sus costas rocosas. Muy pronto, a orillas del Mediterráneo o del mar Negro, crean colonias que se parecen a sus ciudades natales. Construyen puertos, templos, difunden su arte y su gusto por los deportes. En el siglo V a. de C., Atenas es la más poderosa de las ciudades griegas. Su puerto recibe el nombre de El Pireo.

En el puerto de El Pireo se intercambian todo tipo de mercancías: trigo, aceite, cerámica, productos de lujo como el marfil...

LOS DIOSES Y LOS ANIMALES MARINOS

Los griegos creen en divinidades inmortales y en criaturas con poderes extraordinarios. Habitan en el cielo, en las entrañas de la tierra y en el mar.

EL REY DE LOS MARES...
Dios del Mar, Poseidón es hermano de Zeus, el padre de todos los dioses y de los hombres. Reina sobre y bajo el mar. Provoca tempestades. A menudo los hombres le atribuyen las catástrofes que ocurren en el Mediterráneo.

...Y EL DIOS DE LOS VIENTOS
Se trata de Eolo. Encierra a los vientos en una gruta y puede soltarlos o apaciguarlos. Obedece órdenes de Poseidón, de quien ciertos autores dicen que es su padre.

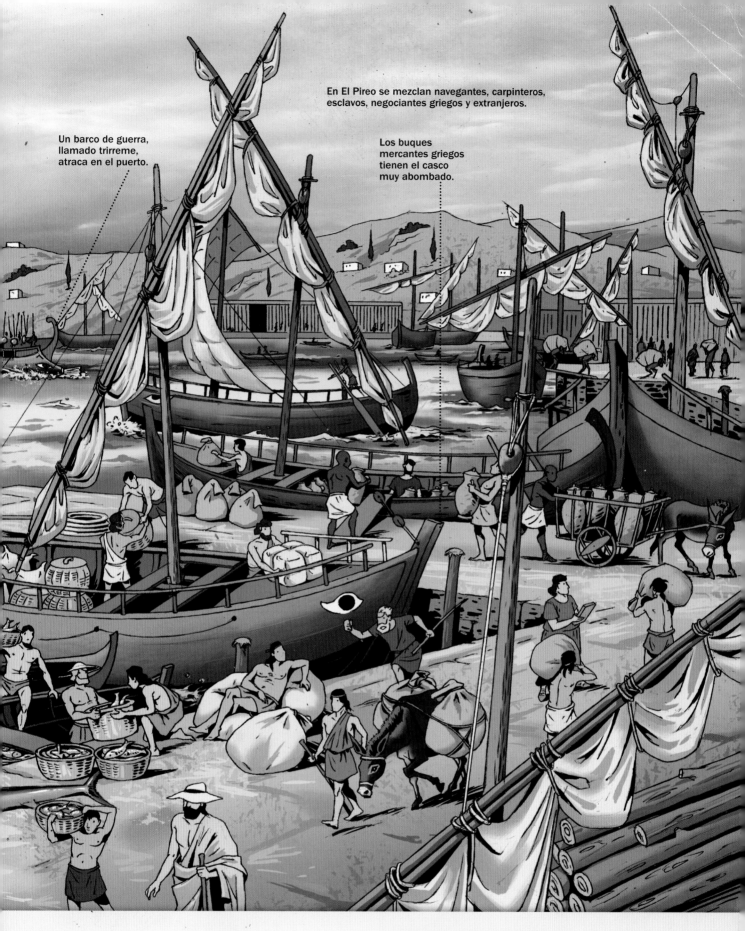

En El Pireo se mezclan navegantes, carpinteros, esclavos, negociantes griegos y extranjeros.

Un barco de guerra, llamado trirreme, atraca en el puerto.

Los buques mercantes griegos tienen el casco muy abombado.

...Y MONSTRUOS MARINOS

En el Mediterráneo, los navegantes se cruzan con calamares gigantes y pulpos. Estos animales desconocidos alimentan su imaginación. Están en el origen de la creación de los monstruos marinos.

UN DELFÍN SALVADOR...

Los griegos creen que todas las criaturas vivientes son obra de los dioses. También les atribuyen grandes poderes. Por eso creen que los delfines son los que salvan a los navegantes del naufragio.

LA *ILÍADA* Y LA *ODISEA*

Según la antigua tradición griega, entre los siglos IX y VIII a. de J. C., Homero compuso estos dos largos poemas. Al principio fueron cantados, después ilustrados en vasijas y finalmente puestos por escrito. Son los primeros libros que se conocen en Grecia. Leyendas tintadas de realidad, siempre fascinan a millones de lectores.

LA *ILÍADA*

Este poema relata la guerra que siguió al rapto de Helena, esposa de un rey griego, por parte del troyano Paris. Para vengarse, los griegos asediaron Troya, la ciudad de sus enemigos. El conflicto duró diez años y los griegos acabaron venciendo gracias a una increíble idea de Ulises, el rey de Ítaca: la célebre leyenda del caballo de Troya.

LA *ODISEA*

Este poema relata el viaje de los héroes griegos después de la guerra. Ulises debe tender numerosas trampas a los enemigos. Hombre muy elocuente, no duda en disfrazarse, utilizar la fuerza, la valentía o la inteligencia, cualidades que todos los griegos envidiaban. Por fin un día avista su patria Ítaca, pero todavía le queda ganar un concurso de tiro al arco. Victorioso, se reencuentra con su esposa Penélope, su reino y la felicidad.

Bienaventurado aquel que como

VLISES ...

Ulises es uno de los héroes legendarios más famosos del mundo griego. Con sus compañeros, se enfrenta a tempestades, naufragios, gigantes caníbales y criaturas hechizadas. Su periplo por el Mediterráneo se relata en un célebre poema: la *Odisea*.

En el país de los lotófagos

En la *Odisea*, un día, Ulises y sus compañeros se acercan a la tierra de los lotófagos. Algunos, hambrientos, devoran los lotos, unos frutos que provocan el olvido. Guardián de su memoria, Ulises los devuelve a la fuerza a sus barcos.

La isla de los cíclopes

En otro episodio, los aventureros abordan una isla habitada por gigantes. Un cíclope, Polifemo, los encierra en su cueva. Ulises busca una estratagema para escapar, puesto que al gigante le encanta la carne humana. Un día, lo emborracha y le revienta el ojo con una rama de olivo. Pero en cuanto vuelve al mar, la cólera de Poseidón se desencadena sobre él, porque ha osado atacar a la carne de su carne: su hijo Polifemo.

Circe

En otra ocasión, los compañeros de Ulises son transformados en cerdos por Circe, una hechicera. Pero una hierba mágica consumida por Ulises conseguirá que sus compañeros recobren la forma humana.

Las pruebas se encadenan en un Mediterráneo poblado de extrañas criaturas

... emprendió un largo VIAJE

¿Quiénes son los víkingos?

En la Edad Media, unos hombres venidos del Norte se lanzan al mar. Exploradores temerarios y mercaderes ambiciosos, son los mejores navegantes de Europa.

Conquistadores

Los noruegos fueron los primeros en atacar en el año 793, con la invasión del monasterio de Lindisfarne, cerca de Inglaterra ❶. Después saquean las costas irlandesas e inglesas antes de instalarse allí ❷. Los daneses toman la Mancha y recorren las costas atlánticas ❸. Ansían el antiguo imperio de Carlomagno rico y desunido. Los suecos navegan por el mar Báltico ❹. Crean un nuevo reino, Rusia. Navegan por el mar Negro y el mar Caspio y llegan hasta Bagdad, territorio de Irak.

UNA HISTORIA EXCEPCIONAL

Los víkingos se llaman a sí mismos «guerreros del mar». Sin embargo, no son unos bárbaros crueles que beben sangre del cráneo de sus enemigos. Han creado una civilización próspera.

HOMBRES DE COMUNICACIÓN
Los víkingos comparten una lengua común: el nórdico antiguo. Cuentan leyendas, las *sagas*, y componen poemas, los *eddas*. Utilizan signos que graban sobre las piedras, las runas, una escritura que ha constituido un misterio durante mucho tiempo.

HÁBILES ARTESANOS
Los herreros elaboran llaves y cerraduras, armas y estribos. Otros artesanos fabrican joyas y amuletos protectores.

Saqueadores

Los vikingos escogen a sus víctimas y llevan a cabo incursiones relámpago. Con sus barcos ligeros y manejables, navegan río arriba. A veces roban caballos. Esperan al alba, una fiesta o una feria para atacar por sorpresa. Los monasterios, ricos en objetos preciosos, les atraen, ya que los monjes no van armados. Saquean e incendian ciudades como Rouen, París, Cádiz y Sevilla. Negocian su marcha a cambio de dinero.

En el año 793, unos hombres originarios de Noruega atacan el monasterio de Lindisfarne, situado sobre una isla al este de Inglaterra.

Exploradores

Los vikingos restablecen los límites del mundo conocido. Hacia el año 870, el noruego Flóki se pierde en el océano Atlántico. Descubre una isla desierta ❺. La bautiza con el nombre de *Islandia*, 'país del hielo'. Posteriormente, en el 985, Eric el Rojo, expulsado de Islandia, descubre tierras deshabitadas, nevadas y heladas ❻. Las bautiza con el nombre de *Groenlandia*, 'el país verde', para animar de este modo a los vikingos a que fueran allí a practicar la agricultura. Hacia el año 1000, su hijo Leif se va de Groenlandia en busca de nuevas tierras ❼.

GENTE REFINADA

Los vikingos viven en granjas cubiertas de tierra y de césped que los protegen del frío. Los hombres llevan capas de piel sobre vestidos amplios. Las mujeres se visten con ropas largas plisadas de lana y un delantal encima.

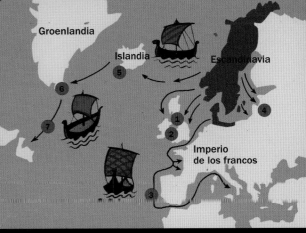

Groenlandia
Islandia
Escandinavia
Imperio de los francos

Los vikingos en el mar del Norte, en el Atlántico y en el Mediterráneo.

LA VELA rectangular de tela está cosida con tiras de tejido reforzadas con cintas de cuero. Mide once metros de longitud.

¿Cuál es el barco vikingo más célebre?

UN CABALLO, robado durante un saqueo.

LA BARRA DEL TIMÓN se maneja con una sola mano, lo que permite al timonel sujetar la vela al mismo tiempo.

ESCUDOS colgados en la borda exterior.

REMOS a cada lado del navío. Se utilizan cuando amaina el viento o la costa está cercana.

EL TIMÓN, un simple remo de madera de mango corto está fijado al navío mediante una cinta de cuero.

LAS ESCALAMERAS son muescas colocadas por los vikingos, que permiten remar con precisión y encajar el remo en la borda.

EL MÁSTIL,
de una altura de
doce metros, está
tallado en el tronco
de un pino.

EL MASCARÓN DE PROA
suele representar a un dragón.
De regreso del viaje, el
propietario del navío lo guarda
en su casa.

LA PROA
es simétrica a la
popa, situada
detrás del barco,
lo que permite dar
media vuelta sin
maniobrar.
Su forma afilada le
permite surcar las
olas grandes.

EL CASCO es de madera de
roble y mide 23,33 metros de
largo y 5,25 metros de ancho.
El *langskip* puede acoger a un
centenar de hombres a bordo.

EL *LANGSKIP*

*Este barco de considerable longi-
tud es el navío de las expediciones
de guerra. Sin cubierta ni cala,
navega igual de bien en el océano
que en los ríos. Su poca altura
obliga a los navegantes a achicar
constantemente el agua de mar
que entra dentro.*

LA FLOTA VIKINGA

*Sin sus barcos, los vikingos no
son nadie. Los utilizan durante
toda su vida e incluso, a veces,
después de muertos.*

A los buques de guerra vikingos, los
langskips, se les suele llamar también
drakkars. En realidad *drakkar* es la
palabra escandinava que designa al
dragón situado en la proa del barco.
Sin embargo, este mascarón de proa
no siempre es un dragón; también
puede representar a una serpiente,
por poner un ejemplo.

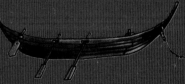

Los vikingos utilizan *karvs* para circular
entre las islas, remontar un fiordo
o pescar por el litoral.
Estas embarcaciones miden menos
de veinte metros. Las planchas de
los cascos se unen con estopa, fibras
vegetales o pelos de animales.

Los *knorrs* son buques mercantes.
Con estos, los vikingos parten hacia
toda Europa. Embarcan «productos de
lujo»: esclavos, ámbar, pieles o paño,
una lana tupida que sirve para fabricar
el hábito de los monjes. Intercambian
estas mercancías por oro, seda,
especias o vino.

Los vikingos más ricos son enterrados
en sus barcos, que se convierten en sus
sepulturas. Si un jefe cae muerto
durante una expedición, la tripulación
arrastra su barco hasta el interior
de la tierra y lo recubre formando un
montículo. La más famosa de estas
sepulturas se ha hallado en Oseberg
(Noruega).

Construcciones flotantes

Los barcos del tesoro están provistos de una cincuentena de camarotes. Tienen aberturas que alojan puertas y ventanas y se parecen a casas. Están reservados a los embajadores chinos y a los huéspedes de lujo invitados por el emperador. Las mujeres que los acompañan poseen su propio alojamiento. Viajan en camarotes decorados con balcones y sargas que dan al mar.

Juncos gigantes de alta mar

A principios del siglo XV, sesenta y dos juncos se preparan para hacerse a la mar y llevar a cabo grandes expediciones. Los denominamos barcos del tesoro, puesto que pueden transportar un gran número de pasajeros, además de grandes cantidades de mercancías. Miden alrededor de sesenta metros de largo y más de treinta metros de ancho. Uno de ellos incluso llega a medir cien metros de largo y más de cuarenta de ancho: se trata del buque almirante. Es cinco veces más grande que la *Santa María*, el barco de Cristóbal Colón.

Los barcos del tesoro procedentes de China

Entre los siglos XII y XV, China posee la flota más grande del mundo. Acorazados de guerra, chalanas y juncos surcan ríos y mares. Sus «barcos del tesoro» superan a todos los navíos.

LAS EXPEDICIONES DE ZHENG HE

Al principio del siglo XV, el emperador de China confía a su almirante Zheng He la organización de grandes viajes marítimos. Zheng He dirige siete expediciones entre 1405 y 1433. Cada una dura dos años. Se trata de mostrar el poder militar y comercial de una dinastía, los Ming, cuyo nombre significa 'luz'.

Además de los sesenta y dos barcos del tesoro, la flota cuenta con navíos que transportan cereales, caballos, comida, pero también con buques de guerra y buques cisterna llenos de agua dulce, lo que suma un total aproximado de trescientos navíos.

Los navíos pueden embarcar a 27 000 personas: soldados, tripulación, mercaderes, ingenieros, intérpretes y cartógrafos... Las expediciones los llevarán a Vietnam, Java, Sumatra, la India y llegarán hasta Arabia y África.

EL BARCO DEL ALMIRANTE ZHENG HE

Por delante del navío, grandes ojos de serpientes ahuyentan a los malos espíritus.

Nueve mástiles no alineados.

Las velas de seda roja flotan al viento entre cientos de banderines. Se pueden plegar gracias a las cañas de bambú.

Una decena de compartimentos estancos equipan el navío. Pueden inundarse sin que el barco pierda agua.

Un montón de vigas de árboles enteros encajadas entre sí forman el casco.

Timón de codaste.

En cada escala, los soberanos locales reciben como presentes porcelanas, piezas lacadas o sedas. Los navíos vuelven a partir con incienso, perlas, marfil o maderas preciosas, destinados al emperador y a su corte.

La Serenísima
Venecia

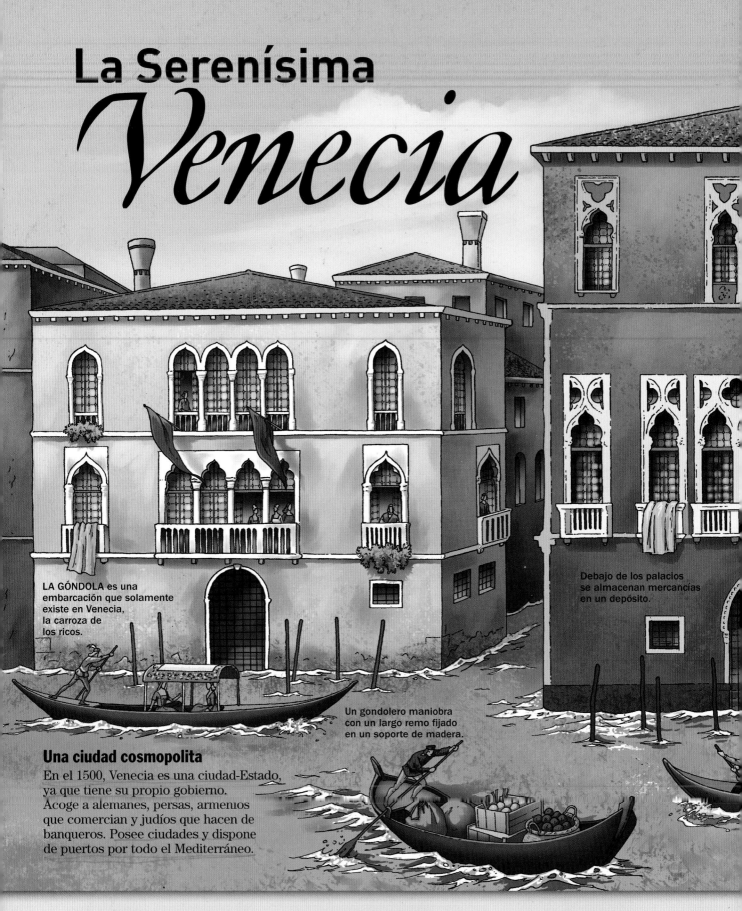

LA GÓNDOLA es una embarcación que solamente existe en Venecia, la carroza de los ricos.

Debajo de los palacios se almacenan mercancías en un depósito.

Un gondolero maniobra con un largo remo fijado en un soporte de madera.

Una ciudad cosmopolita

En el 1500, Venecia es una ciudad-Estado, ya que tiene su propio gobierno. Acoge a alemanes, persas, armenios que comercian y judíos que hacen de banqueros. Posee ciudades y dispone de puertos por todo el Mediterráneo.

UN IMPERIO SOBRE EL MAR

Venecia, habitada desde el siglo IX, está construida sobre más de cien islas en medio de una extensión de agua salada poco profunda separada del mar por una franja de tierra. Poco a poco se convierte en la segunda potencia marítima del mundo, justo después de China. Construcciones navales y mercancías del mundo contribuyen a forjar su fortuna.

Nacido en Venecia en 1254, Marco Polo parte hacia China con su padre y su tío. En el siglo XV, el relato que ha hecho de su viaje: *El libro de las maravillas*, inspira a los poderosos de Occidente.

El astillero naval de Venecia da empleo a miles de obreros. Allí se construyen y reparan buques de guerra, galeras y galeazas, y buques mercantes y naos.

Entre los siglos IX y XV, Venecia (Italia) se sitúa a la cabeza de un imperio constituido sobre el mar. Situada en el cruce entre Oriente y Occidente, la ciudad es tan extraordinaria que se le concede un título reservado a los príncipes: la Serenísima.

Los palacios están construidos sobre pilotes, con estacas de roble hundidas en la arena de la laguna.

Largas y estrechas, las góndolas se deslizan por los canales y pasan bajo los puentes.

La ciudad de los palacios

Ciertas familias venecianas ricas y de origen noble gobiernan la ciudad. De padre a hijo, son mercaderes, hombres de ley o capitanes de barco. Gracias al comercio han erigido su fortuna. Viven a orillas del Gran Canal, en palacios lujosos que acogen fiestas suntuosas.

UN BARCO DEPÓSITO reparte toneladas de agua dulce.

En Venecia encontramos todos los oficios relacionados con el mar: allí se fabrican velas, remos y cordajes; se forjan los cañones que arman los barcos y se elaboran galletas para los navegantes.

Venecia exporta sal –el origen de su fortuna–, azúcar, madera y hierro, joyas, cristalería y seda. También compra y vende esclavos negros, albaneses, búlgaros...

Los buques mercantes circulan en convoyes armados en el Mediterráneo y el mar Negro. Traen especias, plantas, polvo de oro y piedras preciosas de Oriente.

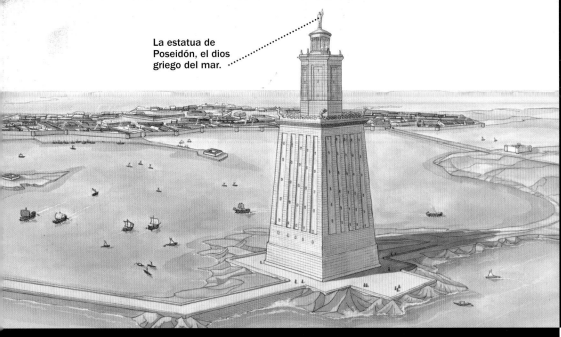

La estatua de Poseidón, el dios griego del mar.

INSTRUMENTOS
MARINOS

El astrolabio fue inventado por los griegos en la Antigüedad. Sirve para medir la altura de los astros por encima del horizonte. Hacia el siglo X, los árabes lo perfeccionan. Solo unos pocos marineros lo utilizan regularmente antes del siglo XVII.

En la Antigüedad, los chinos inventaron la brújula. Este instrumento, precioso para los marineros, indica el Norte gracias a una aguja imantada. Posteriormente los chinos crean el timón móvil, y posiblemente el de codaste, una pieza fijada en la parte posterior del navío que facilita las maniobras.

La fundación de Alejandría

En el siglo IV a. de C., Alejandro se convierte en rey a la edad de 20 años. Transforma el reino de su padre en un imperio gigantesco. En el transcurso de sus conquistas, Alejandro Magno crea ciudades a imagen y semejanza de las ciudades griegas. Manda construir templos y palacios. En el año 331 a. de C. funda la ciudad de Alejandría a orillas del Nilo (Egipto). Atrae a eruditos de todas partes, que trabajan en su museo, biblioteca, observatorio...

El faro de Alejandría ▲

Es una de las siete maravillas del mundo antiguo. Fue construido en Egipto en el siglo II a. de C. Mide ciento treinta y cinco metros de altura. Los guardianes encienden cada noche una hoguera en el faro que indica dónde se halla la entrada del puerto. Está edificado frente a Alejandría, en la isla de Faros, cuyo nombre ha dado lugar al término *faro*.

A favor de la corriente

Esta escultura del siglo V a. de C. ilustra un monstruo marino de la mitología griega: Escila.

Marineros supersticiosos

Hacerse a la mar es sinónimo de peligro. Durante siglos, para sobreponerse al miedo, los marineros creían que había que leer textos religiosos, hacer chocar las espadas e incluso zurrar a los grumetes para protegerse de una tormenta.

En el reino de los monstruos

Hasta la época de los descubrimientos, el mar es un misterio. Los marineros piensan que está poblado por monstruos, serpientes gigantes, dragones, bestias acorazadas con cuernos, y por sirenas, criaturas medio mujeres, medio peces.

Mapas aproximados

Los primeros mapas marítimos fueron inventados en la Antigüedad. Son aproximativos. En la Edad Media, están ilustrados con imágenes religiosas o fantásticas. En ocasiones hacen falta de diez a veinte años para que un mapa se elabore con los datos proporcionados por los marineros.

Este mapa de finales de la Edad Media es un portolano. Indica con exactitud la ubicación de las costas y de los puertos.

FRANQUEAR UN CABO
En 1487, el portugués Bartolomeu Dias parte hacia costas africanas para profundizar en los descubrimientos allí realizados. Llega hasta el punto extremo del continente africano y da la vuelta para pasar al océano Índico. De regreso descubre el cabo de las Tormentas, rebautizado posteriormente como el cabo de Buena Esperanza.

Las cruzadas

Entre los siglos XI y XIII, los cristianos de Occidente emprenden ocho cruzadas. Estas expediciones religiosas y militares por primera vez lanzan al mar numerosos grupos de europeos hacia Medio Oriente. Lo dejan todo para irse a Jerusalén, una ciudad santa.

El rey Luis IX se va de cruzada hacia la Tierra Santa.

Este mapa fue diseñado gracias a los conocimientos de Ibn Magid.

Los eruditos árabes

En la Edad Media, los árabes musulmanes son grandes astrónomos y matemáticos. Sus trabajos hacen progresar la ciencia náutica. En cuanto a los mercaderes y a los marineros, reinan como dueños y señores en el océano Índico y el mar Rojo, y tienen prácticamente el monopolio del comercio marítimo con China. Otros son grandes pilotos, como Ibn Magid.

Los sólidos *dhows*

Los primeros son de fibra de coco y más tarde son de teca. Su casco resiste a los arrecifes. Este es el barco de Simbad, célebre marinero cuyas aventuras se relatan en los cuentos de *Las mil y una noches*.

◄ Contra viento y marea, Simbad resiste a la tormenta.

La época de los descubrimientos

A finales del siglo XV, algunos navegantes europeos se aventuran cada vez más adentro de mares y océanos. Parten en búsqueda de metales preciosos, especias raras y también desean difundir la religión cristiana. Sobrepasarán los límites del mundo conocido hasta entonces.

E. Etienne

El rey Fernando de Aragón y la reina Isabel de Castilla, soberanos de España.

Cristóbal Colón.

América del Norte

España

Bahamas

Océano Atlántico

Cuba

África

La Española

—— El viaje de Colón en 1492

El navegante descubre las Bahamas, Cuba y una isla bautizada como La Española, que es la actual Haití. Realizará tres viajes más hacia el Nuevo Mundo.

Pequeño grupo de indios, una curiosidad para el rey y su corte.

Muestras de plantas desconocidas que serán estudiadas por los científicos.

Encontrar nuevas rutas

Cristóbal Colón nació en Génova (Italia) en el año 1451.
Era hijo de un tejedor. Aprende el oficio de marinero con
navegantes portugueses. Quiere demostrar que es posible llegar a
las Indias pasando por el oeste. Muchos de sus proyectos se van
a pique. Logra convencer a Isabel de Castilla, reina de España.
El 3 de agosto de 1492, el almirante Colón y su flotilla levan el ancla
desde el sur de España. Dirección: las Indias y sus riquezas
alabadas por Marco Polo.

El 31 de marzo de 1493, Cristóbal Colón es
recibido triunfalmente en Barcelona por la pareja
real de España. Relata su viaje y presenta las
riquezas halladas.

Marineros.

Los viajes largos

Todos los días, Colón escribe un diario. Así es
como conocemos la vida a bordo. El 11 de
octubre de 1492 avistan tierra. Al día siguiente,
Colón es recibido calurosamente por hombres
desnudos con pieles cobrizas bautizados como
«indios». Estamos a 12 de octubre de 1492, sobre
un islote de las Bahamas, cerca de América. Sin
saberlo, Colón acaba de descubrir un nuevo
mundo, que al principio fue llamado *las Indias*.

GRANDES NAVEGANTES

*A finales del siglo XV, Cristóbal
Colón no es el único gran
navegante europeo. En 1494
los españoles y los portugueses
establecen unas reglas. Fijan
una línea vertical imaginaria que
pasa cerca de las islas del cabo
Verde, frente a las costas de
Senegal. Los españoles reinarán
en el oeste.*
*Los portugueses se repartirán
el resto de tierras y mares al este.*

En 1497, el portugués Vasco de Gama
recibe una misión de su rey. Debe ir a la
India. Parte de Lisboa con cuatro navíos
y ciento sesenta hombres. Al sur de
África, dobla el cabo de Buena Esperanza
y es el primero en dar la vuelta al
continente africano. En 1498, llega a
Calicut, territorio de la India. Vuelve con
ochenta hombres y dos navíos llenos de
especias. Misión cumplida.

En 1519, el portugués Magallanes está al
servicio del rey de España. Sale de Sevilla
con cinco navíos y doscientos treinta y
seis hombres de tripulación. Rodea
América del Sur. Descubre un océano que
bautiza con el nombre de océano
Pacífico, porque el mar le parece
calmado. En 1521 llega a la India, pero
es asesinado por los indígenas. Así pues,
en 1522 regresa a Sevilla un barco con
únicamente treinta y cinco supervivientes.
La expedición de Magallanes acaba de
conseguir dar la vuelta al mundo y probar
que la tierra es redonda.

27

EL NAVÍO DE LOS DESCUBRIMIENTOS

Durante doscientos años, la carabela logra un gran éxito entre los navegantes europeos. Manejable, resiste las grandes marejadas del océano y todo tipo de vientos.

UN INVENTO PORTUGUÉS

La carabela está lista hacia 1430. Este barco portugués es de tamaño pequeño. Tiene forma alargada y está provisto de bordas altas y de dos o tres velas.

MEJORAS TÉCNICAS

Hacia el año 1500, los españoles perfeccionan la carabela. Gana en tamaño y la popa cuadrada está equipada con un cuarto mástil y una pieza de artillería: un cañón.

UN NAVÍO RÁPIDO

La carabela surca las olas. Recorre alrededor de dieciséis kilómetros por hora, un récord. De hecho, hasta el siglo XVII no aparecerá un pequeño buque de guerra, llamado fragata, que conseguirá una velocidad comparable.

VELAS AL VIENTO

Poco a poco, numerosos barcos adoptan el nombre de carabelas. Son altos, cortos y ligeros, y están dominados por tres o cuatro mástiles con velas cuadradas o latinas.

En 1492, las carabelas de Colón atraviesan el Atlántico en treinta y cinco días. Pero actualmente sabemos que la *Santa María* no era una carabela sino que era una nave, un gran buque mercante de casco ancho.

Esta bandera lleva el escudo de armas del rey de España.

La *Santa María* mide alrededor de veintiún metros. Es el buque almirante dirigido por Cristóbal Colón, quien considera que es demasiado pesado.

Un centenar de hombres forman la tripulación de tres barcos.

Rema la carabela!

Las velas están
adornadas con una
cruz, símbolo de
una orden militar
y religiosa.

Salazones, galletas
secas y habas son el
aprovisionamiento para
un año, que se
conserva en las calas
del navío.

La Pinta mide alrededor
de veinte metros.

Los tres mástiles
de *La Niña* llevan
velas triangulares,
llamadas latinas.
Seguramente está
dotada de una
única cala.

¡Colón descubre un

Para los europeos, Colón es EL descubridor de América. Pero, ¿por qué él y no otro? Diálogo imaginario entre un lobo de mar y un aprendiz de marino.

¿Colón fue una sola vez al Nuevo Mundo?

No. Atravesó ocho veces el océano Atlántico. Exploró varias islas de las Antillas y tocó dos veces tierra firme entre las dos Américas. Pero este hombre testarudo siempre sostuvo que había llegado a las costas de las Indias, hasta su muerte el 20 de mayo de 1506, precisamente cuando los científicos estaban casi seguros de la existencia de un nuevo continente.

¿Por qué se convirtió en un héroe?

Abrió una vía real a los españoles que conquistaron por las armas una parte de este continente, pero la verdadera hazaña de este gran navegante fue la de haber encontrado las rutas correctas: las de los vientos, tanto de ida como de vuelta, entre Europa y las Américas.

A la muerte de Colón, ¿este continente todavía se llamaba las Indias?

Sí, pero hacia el año 1500, un italiano, Américo Vespucio, lideró cuatro expediciones hacia esa tierra. Este navegante reputado, cuyo nombre se inscribió en la historia, regresa con una certeza: Colón descubrió realmente un nuevo mundo.

¿Por qué el Nuevo Mundo no se llama Colombia?

Habría podido llamarse así. De hecho, hay un país de América Latina que honra la memoria de Colón y lleva su nombre: Colombia. Pero fue un geógrafo y cartógrafo alemán quien, en 1507, bautizó este continente como América en honor a Américo Vespucio. Sus viajes todavía estaban frescos en la memoria de algunos.

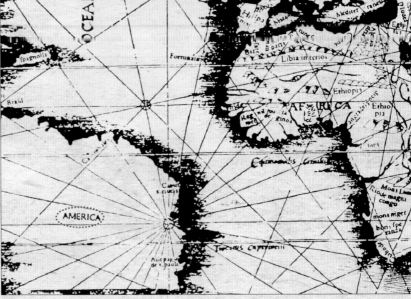

En este mapa de 1507 figura por primera vez el nombre de *América*.

OCÉANO
nuevo continente!

Cristóbal Colón (aquí, Gérard Depardieu en la película *1492*): un héroe que nunca quiso admitir que había descubierto un nuevo mundo.

¡Alerta de tormentas! Al parecer, Colón no descubrió América...

Al parecer, Colón no descubrió América...
Sabemos que los vikingos fueron a América quinientos años antes que Colón. Las leyendas nórdicas mencionan el nombre del vikingo Leif, que partió de Groenlandia en busca de tierras nuevas hacia el año 1000. Pero habrá que esperar al siglo XX para tener la prueba de ello: existen restos de casas vikingas en Terranova (Canadá).

¿Es posible que haya ilustres desconocidos que también partieran hacia América?
Sí, y entre ellos, los fenicios, los griegos o incluso los vascos. Es probable que estos desconocidos hayan desaparecido en el mar, un enorme cementerio. Algunos afirman también, con mapas que respaldan esta hipótesis, que fue la flota china de Zheng He quien descubrió América en 1421. ¿Verdadero o falso? Sea como sea, el debate hace correr ríos de tinta.

Pero, ¿quién descubrió en realidad América?

A pie o en barco, estos son los más audaces...

¡Honores a los pioneros!
Los pioneros partieron a pie desde Siberia, al noreste de Asia, hacia el año 30000 a. de C. Atravesaron el estrecho de Bering, un paso helado, y llegaron a Alaska, al noroeste del continente americano. Fueron llamados durante mucho tiempo indios, pero hoy en día los llamamos amerindios.

Estas huellas de manos pintadas sobre una pared prueban que en Argentina habitaron seres humanos durante la prehistoria.

Conquista de los españoles
A partir del siglo XVI, los españoles se instalan en América Central, América del Sur y en el oeste americano. Someten a dos grandes pueblos: primero a los aztecas y luego a los incas. Descubren el oro y la plata. Estos metales enriquecen a su país, que se convirtió en la primera potencia del mundo durante un siglo. En cuanto a los portugueses, se instalan en Brasil, donde encuentran oro.

Exploraciones de los otros
Estamos de nuevo en el año 1500; ningún europeo ha explorado aún América del Norte. Los marineros solamente han avistado sus costas. Los primeros europeos que viven allí son los franceses, en Canadá. Después los ingleses, los holandeses y los suecos se instalan en la costa este de dicho continente. Pero la colonización es lenta. El clima es riguroso y no hay piedras ni metales preciosos ni especias.

Marinos experimentados, los corsarios están al servicio de un mercader o de un país. ¿Su misión? Apropiarse de buques mercantes de naciones enemigas.

FRANCIS DRAKE, INGLÉS

Año de nacimiento: *1540.*
Nace en la cala de un navío abandonado en el cual viven sus padres.
Hazañas: *Captura un convoy cargado de oro y plata peruana y da la vuelta al mundo a pistoletazos. Enriquece a la reina de Inglaterra quien, como recompensa, lo condecora lord y almirante. El corsario Sir Francis Drake muere en 1596.*

LA ÉPOCA DE LOS CORSARIOS

La actividad de los corsarios tiene su origen en la Edad Media y se extiende a lo largo del siglo XVII. Inmensos tesoros transportados por los mares desatan la codicia: los aventureros del mar, los corsarios, pasan a la acción.

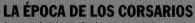

En el siglo XVII, España es el país más rico del mundo. Sus tesoros suscitan los celos de los países europeos. Corsarios franceses, ingleses u holandeses atacan a los galones españoles que navegan por el Atlántico, de regreso del Nuevo Mundo.

El corsario recibe una «patente de corso» por parte del mercader, el rey o la reina para quien trabaja. Este documento le autoriza a capturar navíos cargados de posesiones. Si la captura es buena, comparte el botín con su «jefe» y entonces puede hacerse rico y famoso.

SARIOS

AROUDJ BARBARROJA, HIJO DE UN SICILIANO

Año de nacimiento: *hacia 1474*.
Trayectoria: *Este corsario intrépido sirve a Egipto, Turquía y Túnez. Se convierte en el terror de los españoles en el Mediterráneo. Pierde el brazo izquierdo durante un saqueo. Muere en 1518. Su hermano le sucede como corsario.*

ROBERT SURCOUF, FRANCÉS

Año de nacimiento: *1773*.
Trayectoria: *Es grumete a los 13 años y capitán a los 20. A los 27, este corsario amante del peligro captura cuarenta y tres navíos ingleses, entre los cuales el célebre Kent, en pleno «territorio inglés», en el océano Índico. Amasa una enorme fortuna. Muere en Saint-Malo en 1827.*

En 1523, el capitán Jean Fleury se adueña de siete barcos españoles. A bordo: 300 kg de perlas, 230 kg de polvo de oro, lingotes, cofres de joyas... Es el tesoro del rey azteca Moctezuma destinado a Carlos V. El corsario se convierte en una leyenda.

La época de los corsarios termina en el siglo XIX. Los buques mercantes están mejor armados y circulan en convoyes escoltados. Además, ya no transportan oro; solo transportan cacao y café, un cargamento sin interés para los corsarios.

Al principio, los corsarios utilizan grandes barcas sencillas. Atacan de noche, durante los episodios de niebla, para sorprender a sus víctimas. Pero a finales del siglo XVII, los capitanes corsarios dirigen fragatas y flotas equipadas con cañones.

LOS BANDOLEROS DE LOS MARES

En el siglo XVII, unos cuantos aventureros europeos se instalan en las islas del Caribe, en el Atlántico. Practican la piratería y malviven de la caza y la recogida de tabaco.

ARMAS MÚLTIPLES

Los piratas van armados hasta los dientes. Los rezones facilitan la escalada del casco. Los sables cortos y los puñales son útiles en los cuerpo a cuerpo. Las pistolas de sílex y los mosquetes son sus preferidos. Las hachas cortan las cuerdas.

ROPAJES ROBADOS

Vestido largo de tela, camisa rasgada, talabarte y pantalón de algodón, flexible y ancho, componen el guardarropía perfecto de un pirata. Una bandolera permite guardar varias pistolas. Un pañuelo anudado en la nuca o un sombrero de alas anchas protege de los golpes de sol y de las astillas de madera durante los ataques. El gorro blando de fieltro y la banda negra sobre el ojo también tienen mucho éxito. Y, al parecer, un anillo de oro en la oreja da una buena apariencia.

EL COFRE DE MADERA

Es el símbolo del pirata. A veces encierra un tesoro de monedas de oro. Aunque habitualmente suele estar vacío porque el botín se consume rápidamente.

Los piratas del Caribe

1650. EN LA ISLA DE LA TORTUGA, UN PIRATA, PIERRE LE MANCHOT, DECIDE VOLVER AL MAR. QUIERE CAPTURAR UN GALEÓN ESPAÑOL.

No tengo ni un escudo. Necesito oro.

EN UNA TABERNA, LE MANCHOT RECLUTA A VARIOS COMPAÑEROS.

Busco marineros.

Señor, a mí me interesa.

Me llaman Johnny la Pepita.

UNA SEMANA DESPUÉS, LA TRIPULACIÓN ESTÁ AL COMPLETO. LOS PIRATAS SE REÚNEN PARA ESTABLECER EL REGLAMENTO.

¿Y si me hieren?

Serán doscientos escudos, además de tu parte del botín. Pero si escondes oro, recibirás cien latigazos.

AL DÍA SIGUIENTE, LOS PIRATAS SE EMBARCAN CON ARMAS Y PROVISIONES.

LA FRAGATA PIRATA L'ESPÉRANCE ABANDONA LA ISLA DE LA TORTUGA.

Le Manchot puede ser muy cruel.

UNA MAÑANA, DESPUÉS DE QUINCE DÍAS DE CALOR ABRUMADOR Y DE ABURRIMIENTO...

¡Galeón español al frente!

Izad la bandera española, nos tomarán por amigos.

L'ESPÉRANCE SE LANZA A LA PERSECUCIÓN DEL GRAN Y LENTO GALEÓN.

Mira, son españoles. Dejemos que se acerquen...

A TIRO DE CAÑÓN, LOS PIRATAS ATACAN POR SORPRESA.

¡Fuego!

EN EL BARCO ESPAÑOL SE DESATA EL COMBATE.

¡Piratas!

PERO ES DEMASIADO TARDE PARA RESPONDER. LOS PIRATAS SE LANZAN AL ABORDAJE.

Si fracasamos, los españoles no tendrán piedad.

¡Al abordaje!

AAAH!!

UN PIRATA CAPTURA AL CAPITÁN DEL GALEÓN. LOS ESPAÑOLES PREFIEREN RENDIRSE.

Por amor de Dios, ¡sálvenos!

LOS PIRATAS REGISTRAN EL NAVÍO.

¡Piedras preciosas! ¡Somos ricos!

Y DESPUÉS CELEBRAN SU VICTORIA.

AHORA HAY QUE TRANSPORTAR EL BOTÍN A LA FRAGATA.

Coged las velas, pueden ser útiles.

DESPUÉS DE HABER ABANDONADO EL GALEÓN, L'ESPÉRANCE VUELVE A LA ISLA DE LA TORTUGA.

Es la captura más hermosa de mi vida.

PIRATAS CÉLEBRES

EDWARD TEACH: El sobrenombre de este antiguo corsario es Barbanegra. Para enriquecerse todavía más, se convirtió en pirata. En 1718, fue detenido y decapitado y su cabeza fue colgada en la proa de un navío.

FRANÇOIS NAU: Este pirata francés fue apodado el Olonés. En 1665, ataca un puerto de Venezuela con seiscientos piratas. Juntos, saquean las casas y las iglesias para apropiarse de objetos de valor.

ANN BONNY: Esta aventurera originaria de Irlanda es una de las pocas mujeres pirata. Disfrazada de hombre, se embarca en el navío de Jack Rackam, llamado Rackam el Rojo, un pirata del que está enamorada.

JACK SPARROW: No existió nunca, pero es el héroe de una película mundialmente conocida: *Piratas del Caribe*, interpretada por Johnny Depp.

Los piratas se esconden en la cubierta. Disfrazan a uno de ellos o lanzan señales de socorro. Al cabo de unos minutos, se producirá el abordaje.

¡Al abord

Un viejo oficio...

Los piratas son mencionados desde la Antigüedad. Su nombre proviene de un término griego, *peiratès*, que significa 'buscar la fortuna en el mar'. Los jefes son antiguos oficiales; el resto son marineros rebelados o grumetes procedentes de los puertos. En el siglo XVIII, hay cinco mil en el mar del Caribe.

▲ Los piratas encienden mechas y lanzan frascos de fuego, botellas con polvo de hierro y de plomo. La explosión provoca nubes de humo y muchas desgracias.

BANDERAS TERRORÍFICAS

A los piratas les encantan las estratagemas. No dudan en izar lentamente la misma bandera que el navío que quieren atacar. Algunos enarbolan temibles banderas, rojas o negras.

LA BANDERA DE CHRISTOPHER MOODY
Recibe el sobrenombre de Jolly Roger: *joli rouge* («bonito rojo» en francés). El reloj con alas anuncia una muerte cercana de las víctimas.

aje!

...regido por un código

El pirata debe prestar juramento delante de testigos. Jura, sobre la Biblia o sobre un objeto de gran valor, respetar el código de los piratas. Debe obedecer las órdenes, compartir el botín, no robar a otro pirata y luchar con bravura.

LOS PIRATAS NO LLEGAN A VIEJOS

Suelen morir antes de su treintavo cumpleaños. Los matan durante los ataques de navíos o bien contraen enfermedades como la malaria o la fiebre amarilla. Y, si son capturados, terminan colgados de una soga.

LA BANDERA DE BARBANEGRA

Un esqueleto con cabeza de diablo con un reloj de arena en la mano que se dispone a perforar un corazón. Gotas de sangre perladas decoran la bandera.

LA BANDERA DE RACKAM EL ROJO

Una calavera y dos sables cruzados: Rackam el Rojo no tiene piedad para con sus enemigos.

Cook,
el hombre del Pacífico

Entre 1768 y 1779, el navegante James Cook parte en busca de tierras misteriosas con fabulosas riquezas. Participa en el triunfo de los viajes de exploración en el siglo XVIII.

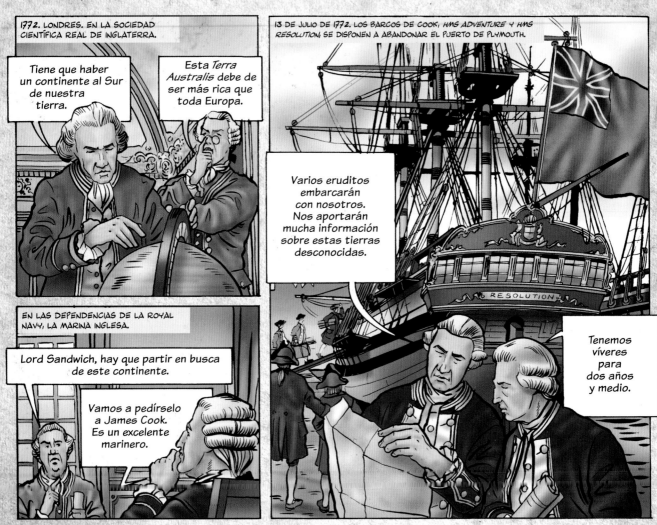

1772. LONDRES. EN LA SOCIEDAD CIENTÍFICA REAL DE INGLATERRA.

Tiene que haber un continente al Sur de nuestra tierra.

Esta *Terra Australis* debe de ser más rica que toda Europa.

EN LAS DEPENDENCIAS DE LA ROYAL NAVY, LA MARINA INGLESA.

Lord Sandwich, hay que partir en busca de este continente.

Vamos a pedírselo a James Cook. Es un excelente marinero.

13 DE JULIO DE 1772. LOS BARCOS DE COOK, *HMS ADVENTURE* Y *HMS RESOLUTION*, SE DISPONEN A ABANDONAR EL PUERTO DE PLYMOUTH.

Varios eruditos embarcarán con nosotros. Nos aportarán mucha información sobre estas tierras desconocidas.

Tenemos víveres para dos años y medio.

POR LA CIENCIA

Con Cook, científicos, pintores y geógrafos se embarcan por vez primera junto a oficiales y miembros de la tripulación. Durante tres expediciones, dan la vuelta completa a Nueva Zelanda, exploran las islas Marquesas, Nueva Caledonia, reconocen las costas de Australia y demuestran la existencia de un continente legendario: la Antártida.

EXTRAÑAS BESTIAS
James Cook es el primer europeo que ve un canguro. Debido a su falta de conocimientos, decide que es una especie de perro grande. Los pintores de la expedición, sin embargo, se esfuerzan en dibujar pájaros sorprendentes, como el *iiwi* de las islas Hawai.

EN NUEVA ZELANDA, UNA TRIBU DE MAORÍES ACOGE A COOK.

¡Bienvenido!

Estas plumas aceitosas huelen muy mal.

COOK PONE EN PRÁCTICA ALGUNAS EXPERIENCIAS.

Voy a dejar a cinco ocas sueltas para ver si pueden vivir aquí.

EN ALGUNAS ISLAS, LA ACOGIDA ES MENOS CALUROSA.

Esta isla es peligrosa, marchémonos.

SEPTIEMBRE DE 1774. EL HMS RESOLUTION CONTINÚA SU EXPLORACIÓN CUANDO...

¡TIERRA A LA VISTA!

¡Qué extraño, esta isla no está en ningún mapa!

COOK EXPLORA UNA ISLA QUE REVERDECE: NUEVA CALEDONIA.

Hemos recogido un montón de plantas desconocidas.

Y yo he podido observar un maravilloso eclipse solar.

Y, EN JULIO DE 1775, TRAS HABER RECORRIDO 110000 KM, COOK VUELVE A INGLATERRA.

PLANTAS DESCONOCIDAS
Los científicos catalogan miles de especies como el eucalipto o el árbol de pan. Los dibujan para estudiar mejor sus propiedades a la vuelta. Prueban por primera vez la nuez de coco, que quita la sed y es rica en minerales, y una variedad del limón, un cítrico al que se augura un excelente futuro entre los marineros.

TATUAJES MAGNÍFICOS
Cook encuentra tribus nuevas. Las relaciones entre los indígenas y los europeos son más bien pacíficas. Los tatuajes de los maoríes impresionan a los marineros. Algunos se hacen tatuajes. De vuelta a Europa, difundirán esta costumbre.

La expedición de

La Pérouse

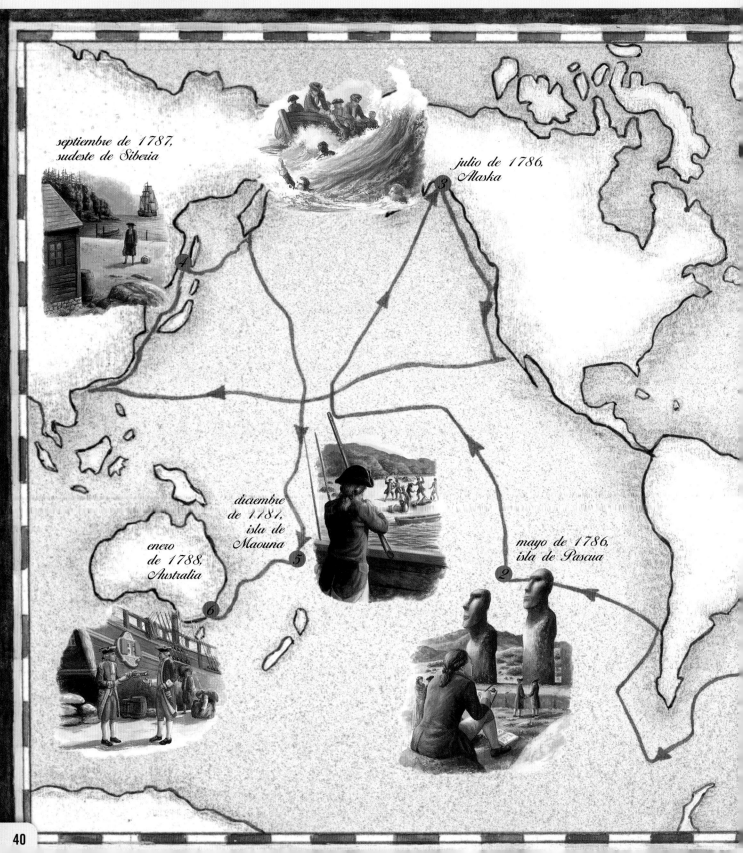

septiembre de 1787,
sudeste de Siberia

julio de 1786,
Alaska

diciembre
de 1787,
isla de
Maouna

enero
de 1788,
Australia

mayo de 1786,
isla de Pascua

En el siglo XVIII, Luis XVI gobierna en el reino de Francia. Apasionado de la geografía, confía el mando de una expedición marítima a Jean-François de la Pérouse. Su fragata de tres mástiles, *La Boussole*, parte del puerto de Brest en agosto de 1785.

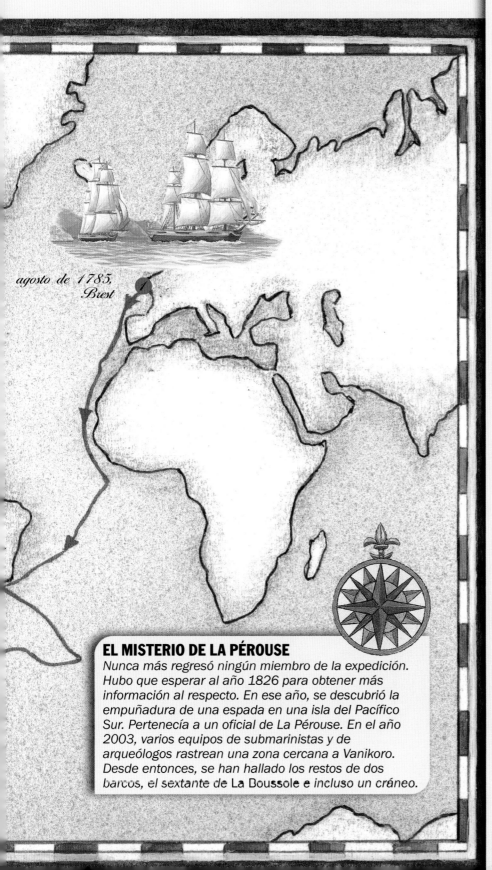

agosto de 1785,
Brest

EL MISTERIO DE LA PÉROUSE

Nunca más regresó ningún miembro de la expedición. Hubo que esperar al año 1826 para obtener más información al respecto. En ese año, se descubrió la empuñadura de una espada en una isla del Pacífico Sur. Pertenecía a un oficial de La Pérouse. En el año 2003, varios equipos de submarinistas y de arqueólogos rastrean una zona cercana a Vanikoro. Desde entonces, se han hallado los restos de dos barcos, el sextante de La Boussole e incluso un cráneo.

Yo, Jean-François de La Pérouse, parto a dar la vuelta al mundo y a explorar tierras desconocidas. Mi misión consiste en completar los descubrimientos científicos del inglés Cook. Este es mi cuaderno de bitácora.

1 Nuestro viaje alrededor del mundo debe durar cuatro años. Nuestros dos navíos transportan trescientas cincuenta toneladas de víveres y doscientas veintisiete personas, entre las cuales quince son científicos y artistas. Perfeccionarán los mapas de navegación y estudiarán las plantas, los animales y las gentes de los lugares donde haremos escala.

2 Nuestros navíos son verdaderos laboratorios. Los oficiales y el astrónomo utilizan sextantes y relojes de precisión para perfeccionar los mapas. En Chile, el jardinero del rey ha recogido granos de plantas desconocidas. Y aquí, en la isla de Pascua, nuestros pintores dibujan los gigantes de piedra.

3 Nos acaba de ocurrir una tragedia. Veintiún de los nuestros se han ahogado, a pesar de que los indios han intentado por todos los medios prestarles auxilio. Antes de volver a partir, hemos erigido un monumento en su memoria.

4 Aquí no ha llegado ningún navegante europeo antes que nosotros. Ha desembarcado uno de nuestros hombres. Volverá a Francia para entregar a Luis XVI el principio de mi cuaderno y los mapas que hemos elaborado. Estoy seguro de que nuestra expedición le apasiona y de que sigue nuestro trayecto sobre un planisferio.

5 Acabamos de vivir un infierno en las islas del Pacífico. Los habitantes de la isla de Maouna han asesinado a doce hombres a pedradas, entre los cuales se encontraba uno de mis amigos, Fleuriot de Langle, que estaba al mando del otro navío de la expedición.

6 Hace dos años y medio que surcamos los mares. El rey quería que esta expedición fuera pacífica. Puede estar orgulloso porque no hemos matado a ningún hombre. Entrego este cuaderno de bitácora a un barco inglés que parte hacia Europa. Mañana nos vamos de la bahía Botany. Volvemos a la mar.

Un nuevo mapa del mundo

Gracias a los viajes de descubrimientos, la cartografía se perfecciona. Hacia 1570, las tierras alrededor del Atlántico y del Pacífico están representadas de forma precisa, igual que las costas de América. Los puntos cardinales, las direcciones de los vientos, los rumbos, las líneas del ecuador y de los trópicos son también ayudas preciosas para los marineros.

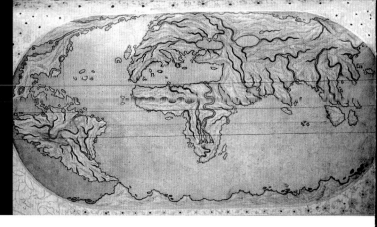

Viento a favor

¡Qué galera!

Hasta el siglo XVIII, la galera fue el navío a vela y remos de las guerras navales del Mediterráneo. En tiempos del rey Sol, mide cuarenta y cinco metros de longitud. Sus trescientos cincuenta remeros son prisioneros condenados por robo o asesinato, o esclavos turcos. Encadenados a su banco, maniobran un remo de madera de doce metros de largo, que pesa ciento treinta kilos. Su vida es un infierno. Un hombre de cada dos muere en las galeras.

CANTOS MARINOS
Los cantos riman con las maniobras a bordo. Proporcionan la cadencia para izar, remar y virar de borda. Guían las danzas. Las mujeres de los marineros y gentes del mar también cantan cuando trabajan, sobre todo para darse ánimos.

La trata de los negros

A partir del siglo XVI, los comerciantes europeos participan en la trata de los negros entre África y América. Parten en barco hacia África ❶. Intercambian mujeres y hombres negros por objetos de pacotilla. Estos esclavos son vendidos en América y en las Antillas ❷. Trabajan allí, en plantaciones de azúcar, de café o de algodón. Su trabajo enriquece a los blancos que mandan hacia Europa barcos cargados de mercancías ❸. Este comercio escandaloso recibe el nombre de comercio triangular.

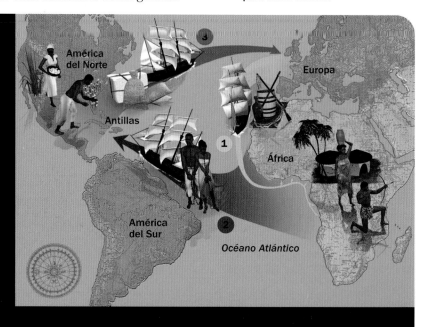

América del Norte · Antillas · Europa · África · América del Sur · Océano Atlántico

La peste del marino

Durante siglos, muchos marineros sufren y mueren debido a una mala alimentación. Las legumbres secas y las galletas enmohecen muy deprisa. El agua potable avinagrada se estropea. Las verduras y las frutas frescas se pudren. Las raciones son insuficientes. A esta enfermedad la llamamos la peste del marino.

LA VICTORIA DEL LIMÓN
A finales del siglo XVIII, los ingleses ganan una batalla alimentaria. Son los que utilizan por primera vez el limón. El zumo de este cítrico permite luchar contra el escorbuto o la peste del marino, una carencia de vitamina C.

Los terranova

Es el nombre de los barcos de tres mástiles en los que se embarcaban los marineros que pescaban bacalao cerca de Terranova. Sus aventuras empiezan en el siglo XVI y terminan a principios del siglo XX. Los que practican esta pesca reciben el nombre de «guerreros de la pesca» porque trabajan mucho en las aguas heladas del Atlántico Norte.

El telescopio refractor

Un astrolabio

Un compás

Un globo terrestre

EN EL ESTUDIO DE GALILEO

UNA REVOLUCIÓN «VERDE»
Poco a poco los europeos se organizan en compañías comerciales. Traen de África, América y Asia semillas de cacao, té, batatas, café, algodón, cultivos de tomates y de patatas. Pero es el maíz de América lo que salva a Europa de la hambruna.

EL *MAYFLOWER*
Es el nombre de un navío que, en el año 1620, transportó a gentes muy devotas de Inglaterra a América. La travesía del Atlántico duró sesenta y cinco días. Fundaron la colonia de Plymouth. Asimismo, son considerados los fundadores de los futuros Estados Unidos de América.

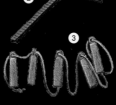

En el transcurso del tiempo, los instrumentos marinos se multiplican. Los navegantes utilizan relojes de arena ❶, brújulas y sondas ❸ para medir la profundidad. A partir del siglo XVII la colección se completa con sextantes, ballestillas ❷, astrolabios, relojes e instrumentos cada vez más perfeccionados.

Copérnico y Galileo

A finales de la Edad Media, estos eruditos revolucionan los conocimientos sobre el Universo. El astrónomo Copérnico afirma que el Sol está en el centro del Universo. Asimismo, certifica que la Tierra es un planeta como los demás y que gira alrededor del Sol. Posteriormente, Galileo, que es el inventor del telescopio refractor, demuestra que Copérnico tenía razón.
Sus trabajos también fueron útiles en el sector naval.

TRAFALGAR

21 de octubre de 1805. Durante cinco horas, un espantoso vaivén de cañonazos retruena por toda España, cerca del cabo de Trafalgar. La flota de Napoleón I, aliada a la de España, se enfrenta a la Royal Navy, la marina inglesa. Sesenta navíos de línea armados con dos mil seiscientos cañones participan en esta batalla naval.

EL *REDOUTABLE*. Buque almirante de la flota franco-española. De sesenta metros de longitud, está armado con setenta y cuatro cañones. Su tripulación cuenta con setecientos hombres.

LOS INGLESES, DUEÑOS DEL MAR

A finales del siglo XVIII, los ingleses han conquistado los mares más cercanos a su isla natal. Han eliminado a sus rivales, los holandeses y los franceses, pero en 1805, el emperador de los franceses, Napoleón I, sueña con invadir Inglaterra. Manda construir una inmensa flota que nunca será terminada. Su sueño echa a volar a lo largo y ancho de toda España...

ENCONTRAR ALIADOS. En enero de 1805, los españoles se alían con los franceses. La flota franco-española está dirigida por el almirante Villeneuve. Hay poco tiempo para los preparativos y, por eso, los navíos de guerra están mal equipados.

PROVOCAR EL COMBATE. Napoleón I ha concebido un plan. Los navíos franceses y españoles deben llevarse mar adentro a la flota más poderosa del mundo. Entretanto, cuenta que esta estrategia le permitirá desembarcar en Inglaterra.

EL *VICTORY*.
Mide sesenta metros de longitud y quince metros de ancho. Cuenta con ochocientos hombres en la tripulación. A bordo, el almirante Nelson que está al mando de la flota inglesa caerá muerto a causa de una bala lanzada por uno de los marineros del *Redoutable*.

LA COFA.
De esta plataforma los soldados tiran con fusil con una visibilidad mayor.

LAS VELAS.
De tela de cáñamo; son resistentes al viento, pero no a los impactos de las balas de cañón.

LAS PORTAS.
De estas aberturas salen las balas de cañón.

ELABORAR UNA ESTRATEGIA. Por parte de Francia y España, los barcos están alineados. Por su parte, los ingleses colocan sus navíos en dos columnas perpendiculares a esta línea. De este modo podrán aislar y destruir un navío antes de atacar al siguiente.

LANZARSE A DISPARAR. La flota franco-española dispara primero. Los ingleses responden con violencia. Los barcos franceses y españoles se incendian o se hunden. El almirante francés termina por izar la bandera blanca. El combate llega a su fin.

GANAR LA BATALLA. Los franceses y los españoles, mal entrenados para el combate, pierden alrededor de cinco mil hombres. Los ingleses ganan la batalla. A partir de entonces se convierten en los dueños de todos los mares del globo hasta 1914.

De la vela

Siglo tras siglo, los hombres buscan ganar tiempo.
En el siglo XIX, logran acelerarlo. Las máquinas se hacen sitio.
Por tierra, se lanzan a los raíles los primeros trenes.
Por mar, el viento compite con el vapor.

Viento en las velas

A principios del siglo XIX, se
construyen nuevos barcos de
madera, los clíperes. Las velas
múltiples aumentan su velocidad.
Transportan mercancías
perecederas, tales como el té,
de China a Inglaterra. A partir de
1849, algunos embarcan a
europeos, chinos y mejicanos
hacia California. Es el principio
de la ruta del oro.

LOS RÉCORDS DEL VAPOR

En el siglo XIX, grandes
compañías marítimas inglesas,
americanas, alemanas y
francesas pretenden dominar
los mares. Como consecuencia
de ello, empiezan a establecerse
récords de velocidad en la
travesía del océano Atlántico.

EN 1819

El *Savannah*, un barco de vapor
americano, atraviesa el Atlántico en
veinticinco días. El trayecto se hace
mayoritariamente en vapor, una parte
a vela y sin pasajeros.

EN 1838

El barco de vapor inglés *Sirius* tarda
dieciocho días. El comandante no ha
dudado en quemar los mástiles y los
muebles de madera en la máquina de
vapor para establecer un nuevo récord.

al vapor

Una energía nueva: el vapor

Al mismo tiempo, se construyen los barcos de vapor. Estos navíos de casco metálico funcionan con vapor. Poco a poco van sustituyendo a los navíos de madera y a los veleros.

El triunfo del vapor

Hacia el año 1850, los barcos transportan mercancías, correo y pasajeros de Europa a América, África o Asia. Todavía tienen velas. Pero cada vez dependen menos de los caprichos del viento. Las máquinas de vapor los propulsan cada vez más rápido. Hacia el año 1900, el vapor triunfa sobre el viento; turbinas, hélices, calderas y motores equipan a los gigantes de los mares: los buques de pasajeros.

EN 1858
El *Great Eastern* todavía está equipado con velas. El casco de acero mide 211 m de largo. Cuatro máquinas de vapor accionan las ruedas con paletas. El primer gigante de los mares: un buque de pasajeros.

EN 1935
El *Normandie* es el más célebre de los buques de pasajeros de lujo. Logra un nuevo récord. Realiza el trayecto entre Le Havre (Francia) y Nueva York (Estados Unidos) en cuatro días y tres horas.

EN 1936
El buque de pasajeros británico *Queen Mary* rivaliza con el *Normandie*. Uno y otro compiten por lograr la banda azul, una recompensa que condecora a los buques de pasajeros más rápidos del Atlántico.

UNA IDA SIN VUELTA

A partir de 1850 familias enteras atraviesan el Atlántico, hacinadas en barcos. Estos pobres conquistadores de los mares harán la fortuna de las compañías de buques de pasajeros.

ABANDONAR LA TIERRA NATAL

La mayoría huye para escapar de la miseria. Desde 1840, cinco millones de irlandeses abandonan el país afectados por una hambruna. Otros se expatrían por motivos políticos, religiosos y, a veces, raciales. Todos compran solo un billete de ida. Llevan poco dinero en el bolsillo y una única maleta.

SUFRIR EN EL MAR

La travesía no es un crucero. Los pasajeros se amontonan en cubierta. Viven en medio del polvo del carbón que escupen las calderas. Duermen codo a codo en el suelo o en una hamaca. Algunos están enfermos. Los más débiles mueren.

LLEGAR A AMÉRICA

La sirena resuena al llegar al puerto. Provoca una explosión de alegría. En Nueva York, los emigrantes tienen que franquear un último obstáculo en Ellis Island, una isla frente a la estatua de la Libertad: cuarenta días de controles médicos y policiales.

HACER REALIDAD UN SUEÑO

Los primeros inmigrantes ejercen de zapateros, cuchilleros, sastres... Otros se lanzan al sector de la agricultura. A principios del siglo XX, las minas de carbón, la industria automovilística, la siderurgia y la construcción proporcionan puestos de trabajo. Esta mano de obra a buen precio se amontona en los barrios pobres de las grandes ciudades. Algunos hacen su sueño realidad y logran hacer fortuna.

Los fotógrafos inmortalizan a los europeos en ruta hacia América. Sombreros, pañuelos y trajes regionales son testimonio de su país de origen.

Una partida en masa hacia los Estados Unidos

A partir de 1820, más de treinta millones de británicos, irlandeses, alemanes, griegos, escandinavos y franceses parten hacia los Estados Unidos. Después, los eslavos y los italianos se reúnen con ellos. Al principio emigran en pequeñas oleadas y posteriormente forman una marea humana.

Los europeos en el mundo

En el siglo XIX, líneas regulares unen los grandes puertos del mundo. Los europeos también emigran hacia África y Australia. Algunos países de América Latina acogen a italianos y españoles. Trescientos mil franceses atraviesan el Mediterráneo y se establecen en Argelia antes de 1914.

En ruta hacia América

Entre 1820 y 1914, cuarenta y cinco millones de europeos abandonarán el Viejo Continente. Muchos de ellos se embarcan hacia América. Lo desconocen todo sobre este continente. Lo único que saben es que está lejos.

A LA CONQUISTA DE LOS POLOS

A principios del siglo XX, ingleses, noruegos, franceses y americanos sueñan con tocar los extremos de la Tierra: los polos.

EN JUNIO DE 1910, ROALD AMUNDSEN SALE DEL PUERTO DE CHRISTIANA DE NORUEGA, A BORDO DE UN BARCO POLAR: EL *FRAM*.

AMUNDSEN REÚNE A TODO EL MUNDO EN LA CUBIERTA.

He mantenido en secreto nuestro objetivo para que seamos los primeros en llegar al polo.

EN EL CAMAROTE, ESTUDIA LOS MAPAS.

El continente es realmente inmenso.

A BORDO, LOS MARINEROS ESTÁN MUY OCUPADOS.

Ciento dieciséis perros, ¡cuánto trabajo!

EN SEPTIEMBRE, A LO LEJOS SE DIVISAN UNAS BALLENAS.

Nos acercamos a la Antártida.

EL 14 DE ENERO DE 1911, EL *FRAM* ATRACA EN LA BAHÍA DE LAS BALLENAS.

Descargad el material en el banco de hielo.

EL EQUIPO DE AMUNDSEN CONSTRUYE UNA CABAÑA POLAR EN EL HIELO PARA HIBERNAR.

Será nuestro campo base.

La preparación de la incursión

En enero de 1911, desde su llegada a la Antártida, Amundsen y su equipo aprenden a vivir en el continente más frío del planeta. Por la noche, la temperatura puede descender hasta –50 °C. Construyen trineos. Pescan y cazan para comer alimentos frescos, ricos en vitaminas. Entrenan a sus perros, de raza husky, para que resistan al frío. Los preparativos duran ocho meses.

Tres meses de esfuerzos extremos

La entrada se inicia en octubre. Es primavera en el Antártico. Al principio, los exploradores caminan veinte kilómetros al día. Luego las grietas en las montañas ralentizan su paso. Luchan contra la falta de sueño, la nevasca y los sabañones. Después de haber conquistado el polo Sur, vuelven a su base, el 25 de enero de 1912. Van diez días por adelantado de su calendario.

El 14 de diciembre de 1911 Amundsen y su equipo llegan al polo Sur.

La dramática expedición de Scott

Cuatro días después de la partida de Amundsen, el inglés Scott y su equipo se lanzan a la carrera del polo Sur. Scott quiere llegar el primero. Esta expedición será un fracaso. Sus vehículos oruga se averían. Los ponis se hunden en la nieve y mueren. El 17 de enero, cinco exploradores agotados descubren la bandera noruega en el polo. Mueren en el camino de regreso.

Un continente, observatorio del planeta

Desde 1956, la Antártida es una tierra consagrada a la investigación. Allí los científicos estudian los hielos, el relieve, los climas y las estrellas, puesto que el aire en esta zona es muy puro. El almacenamiento de desechos radioactivos está prohibido. Nadie tiene derecho a explotar sus riquezas en lo que respecta a metales preciosos y diamantes. Una de las bases científicas lleva el nombre de Amundsen-Scott, en homenaje a sus conquistadores.

LOS EXPLORADORES DEL POLO NORTE

La conquista del polo Norte empieza a finales del siglo XIX. Los hombres parten hacia el Ártico: un océano helado rodeado de tierras.

UN NORUEGO EN LA NOCHE POLAR
En 1893, Fridtjof Nansen quiere demostrar que el polo Norte está en el mar. Al norte de Siberia, encadena su navío en el hielo y parte a pie hacia el polo. El 8 de abril de 1895 abandona, muy cerca de su objetivo, sorprendido por la noche polar. Es la primera vez que un explorador se ha acercado tanto al polo Norte.

UNA VICTORIA SIN PRUEBAS
En 1908, el americano Robert Peary emprende un viaje hacia el polo. El 6 de abril de 1909, su expedición llega al polo Norte. Pero nunca nadie ha encontrado pruebas de esta hazaña.

UN OCÉANO CODICIADO
Actualmente, la fusión de los bancos de hielo se acelera. Cada vez hay más icebergs que se separan. Especies animales, como el oso blanco, están amenazadas. Los especialistas piensan que si el calentamiento climático se acelera, dentro de cuarenta años llegaremos al polo Norte en barco.

En el año 1912, el Titanic es el navío más grande y más lujoso de todos los del mundo. Su principal característica es que no se puede sumergir y que está construido para no hundirse. Puede alcanzar una velocidad de veinticuatro nudos (44 km/h). Su nombre, Titanic, viene de titán, que significa gigante. Mide 269 metros de largo, 28 metros de ancho, 53 metros de alto y pesa 46 000 toneladas. En abril, hace su primer viaje hacia Nueva York. Una travesía fatal.

Las cuatro chimeneas miden 19 m de altura y 7 m de ancho.

La cubierta de paseo de primera clase: alberga a los pasajeros adinerados que viajan por negocios o por placer.

La bandera de la compañía inglesa, la White Star Line.

Hay veinte botes salvavidas. No son suficientes para todos los pasajeros.

La cubierta de paseo de segunda clase.

La cubierta de los pasajeros de tercera clase: familias pobres de Irlanda, Suecia y Finlandia que parten hacia América para intentar encontrar una vida mejor.

El Titanic puede embarcar a 1 316 pasajeros y 885 miembros de tripulación.

EL FIN DEL VIAJE

El domingo 14 de abril a las 23.40 h, el Titanic choca contra un iceberg de cuarenta metros de altura que quiebra las placas de acero de su casco. En pocas horas se decide su suerte. En la noche se produce el naufragio, frente a las costas de Terranova, en el océano Atlántico.

La antena de telégrafo sin cable, tendida entre dos mástiles.

La pasarela: la sala de mandos del navío.

La canastilla del palo mayor para el vigía.

La grúa del ancla.

T I T A N I C

❶ 2 HORAS 10 MINUTOS
La delantera del *Titanic*, completamente llena de agua, se hunde. Los pasajeros caen al mar. Algunos son rescatados con los botes salvavidas. Otros, en el agua, morirán de frío.

❷ 2 HORAS 18 MINUTOS
El *Titanic* se rompe. La proa del navío se sostiene a la parte posterior por la quilla.

❸ 2 HORAS 20 MINUTOS
La parte delantera y la trasera se separan y se hunden una detrás de la otra. Este naufragio representa la mayor catástrofe marítima de toda la historia: 1490 personas hallan la muerte en ella.

EL SUBMARINISMO EN LA HISTORIA

Desde la Antigüedad, el hombre se sumerge en apnea para pescar marisco o saquear cargamentos encallados cerca de las costas. Desde entonces, se han perfeccionado las técnicas de submarinismo para descender hacia las profundidades extremas.

❶ Alrededor del año 325 a. de C., Alejandro Magno mandó construir la primera máquina para ir bajo el agua. Se trataba de un tonel de madera, el predecesor de la campana submarina.

❷ Hacia 1690, el astrónomo Haley une a su campana un recipiente de cristal que protege la cabeza del submarinista. El tubo que une la campana con el recipiente suministra aire.

❸ En 1855, el ingeniero Cabirol presenta una nueva escafandra. El submarinista camina debajo del agua con suelas de plomo que lo mantienen en pie. Está unido a la superficie por un tubo de llegada de aire y por unas cuerdas.

❹ Hacia el año 1900, un investigador inglés establece las paradas de descompresión. Estas etapas obligan a los submarinistas a respetar las pausas al subir a la superficie y, de este modo, limitan los accidentes.

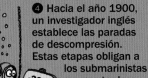

-20 m STOP

❺ Hacia 1940, el comandante Cousteau y un ingeniero ponen a punto un aparato que funciona con bombonas de aire. Este invento permite que el submarinista sea autónomo. Respira y nada bajo el agua como un pez.

❻ Actualmente, el submarinismo es un placer. Arqueólogos, biólogos y geólogos también lo practican. Los hombres pueden descender a miles de metros bajo el agua gracias a submarinos dotados de infinitos elementos electrónicos.

Hombres bajo el mar

Descubrir los restos de un naufragio

La arqueología submarina nació en el siglo XX. Desde entonces, solo en el Mediterráneo se han contado cerca de setecientos objetos de valor arqueológico. Terracota y porcelanas, cañones y proas de navíos han emergido del agua. En Alejandría (Egipto) se han descubierto estatuas excepcionales de faraones. Una fragata de guerra española, la *Mercedes*, ha aportado el tesoro más grande: diecisiete toneladas de oro y plata.

Vivir bajo el mar

Sin duda inspirados por la novela de Julio Verne *Veinte mil leguas de viaje submarino*, desde los años setenta intentamos hacer que el hombre viva bajo el mar. En Florida se ha creado una casa bajo el agua. Los astronautas se entrenan bajo el agua... ¡para vivir en el espacio! También hemos imaginado pueblos, museos o laboratorios de investigación... bajo el mar.

Esta ánfora posiblemente ha contenido vino.

Hacia el año 1000 a. de C. se ha hundido un navío en el Mediterráneo. Este submarinista recoge piezas de terracota. Remontadas a la superficie, limpiadas, estudiadas y conservadas, las más bellas se exponen en los museos.

Explorar los fondos marinos

La exploración de los fondos marinos ha hecho progresar una ciencia: la oceanografía. Se interesa por cuestiones de biología, meteorología y geología. Por ejemplo, en la actualidad, varios investigadores descienden a tres kilómetros bajo el agua a bordo de pequeños submarinos como el *Nautile*: sus trabajos profundizan en el conocimiento de las montañas volcánicas del fondo de los océanos, llamadas dorsales oceánicas.

Los submarinistas han marcado la zona donde se encuentran los restos antes de rastrearla. Después han pasado el aspirador. Han utilizado aspiradores de aire o de agua.

Las piezas están numeradas y etiquetadas. El número de vasijas permite valorar el cargamento transportado por los buques mercantes.

55

UNA CUERDA DE ARRASTRE.
Se dispara con un fusil en dirección
al buque de carga. Lleva otros cables
de acero y cuerdas que rápidamente
arrastrarán el carguero
o tirarán de él.

EL NAVÍO EN PELIGRO
es ingobernable puesto que
la tormenta es violenta.

Los peligros

ESTE REMOLCADOR
francés recibe el
nombre de *Abeille-
Flandre*. Ha cumplido
novecientas misiones
de rescate en
veintiséis años. Aquí
se acerca al buque de
carga del que ha
recibido una llamada
de emergencia.

EL CABLE DE REMOLQUE.
Es de acero. Pesa treinta
toneladas.

LA CABINA DE PILOTAJE
está dotada de ventanas blindadas que
pueden resistir vientos de fuerza 10,
es decir, de alrededor de 110 km/h.

LA TRIPULACIÓN DEL REMOLCADOR.
Está formada por doce personas.
Son gentes del mar experimentadas.
Su trabajo es difícil y peligroso.

LOS MARINEROS DEL CARGUERO.
Están repartidos por la cubierta.
Su misión consiste en recoger un cable
de arrastre.

del mar

El mar es una fuerza
de la naturaleza, peligrosa
y en ocasiones mortal. Cuando
entra en cólera, las gentes del mar
no dudan en abandonar su ruta para
prestar auxilio a sus «hermanos».
En tierra, los marineros también
responden a las llamadas de los navíos
en peligro. Las gentes del mar son
solidarias.

EL HOMBRE Y EL MAR
*Durante mucho tiempo, los
hombres han intentado superar
al mar. Sus proezas técnicas han
permitido evitar catástrofes
marítimas. Pero, actualmente,
el mar también está en peligro.*

TEMPESTADES VIOLENTAS
Con el calentamiento climático,
los ciclones se multiplican. Provocan
vientos fuertes, olas poderosas
o marejadilla. Los propios tsunamis
nacen en el fondo de los océanos
y engendran maremotos.

Las olas, denominadas «gigantes»,
pueden alcanzar la altura de un
inmueble de diez pisos. Raros
y repentinos, estos muros de agua
están en el origen de la desaparición
de navíos y de sus tripulaciones.

DESECHOS TÓXICOS
Durante mucho tiempo el mar ha sido el
único vertedero para los marineros. Desde
mediados del siglo XX, las manchas de
petróleo, los productos químicos, los
desechos nucleares y la desgasificación
han acelerado su contaminación. Se han
aprobado varias normativas en este
sentido, pero no siempre son respetadas.

UN TRÁFICO INTENSO
Desde el siglo XX, la circulación de las
mercancías aumenta, lo que contribuye a
la contaminación del agua. A veces
también los contenedores apilados en las
cubiertas caen al agua y ensucian el mar.

EL MÁS JOVEN
A los 16 años y medio, Robin Lee Graham, un americano, decide dar la vuelta al mundo en solitario. Firma un importante contrato con una conocida revista y en tres años, con escalas y dos barcos, logra terminar su periplo en los años setenta.
▼

▲ EL PRIMERO EN SOLITARIO
Originario de Canadá, Joshua Slocum realizó la primera vuelta al mundo en vela en solitario con escalas entre 1895 y 1898. Su barco, el *Spray* mide once metros de longitud.

«Muchas veces me han preguntado si había que estar loco para hacer lo que he hecho. En realidad, no es necesario, pero es cierto que ayuda.»

Jonathan Sanders

MÚLTIPLES VUELTAS ▶
El australiano Jonathan Sanders se hace a la mar el 25 de mayo de 1986. Tras 658 días en el mar, 8 vuelcos y 3 vueltas alrededor del globo, llega el regreso triunfal: todo sin escalas, sin avituallamiento y sin asistencia.

▲ LA PRIMERA MUJER EN SOLITARIO
Entre 1977 y 1978, Naomi James, una neozelandesa, da la vuelta en solitario en doscientos setenta y dos días. Navega sobre un monocasco, un *sloop*, o balandra, y también es la primera mujer que pasa el cabo de Hornos, un cabo barrido por los vientos.

REGATAS EN EL VIENTO

Desde los años setenta, las regatas por todo el mundo estimulan la competición entre los navegantes. Asimismo, apasionan a los que se quedan en tierra: amantes del mar y curiosos del mundo entero. Estas son las regatas más famosas.

LA *WHITBREAD* (REBAUTIZADA COMO *VOLVO OCEAN RACE*)
Es la primera regata alrededor del mundo. Se inicia en 1973 y se desarrolla en cuatro etapas y en equipo. Los grandes cabos forman parte del programa de los trescientos veinticuatro hombres y mujeres que participan en ella. Los satélites todavía no existen. A bordo solo se autoriza la posesión de un único instrumento de navegación, el sextante, además de una radio.

LA *AROUND ALONE*
Tiene lugar cada cuatro años. Se hace por etapas. Los marineros desafían al mar y las condiciones meteorológicas extremas en veleros ligeros y superpotentes. Es una regata en solitario.

LOS MÁS RÁPIDOS ▶
En el año 2005, una tripulación francesa pulveriza el récord de velocidad en vela sobre un catamarán. Bruno Peyron y sus trece tripulantes tardan 50 días, 16 horas, 20 minutos y 4 segundos en dar la vuelta al mundo.

Recorrer el mundo

En vela, la vuelta al mundo fascina. Un día los navegantes sueltan las amarras. Y después, algunos abandonan, otros no vuelven jamás a puerto y otros lo consiguen.

«Más vale que Julio Verne vaya con cuidado.»

Michel Desjoyeaux

◀ EL REY DEL MUNDO DE VELA EN SOLITARIO
Apodado el *Profesor*, el navegante francés Michel Desjoyeaux es actualmente el más laureado de toda la historia de las carreras a vela en solitario. En el año 2009, este vencedor de la *Vendée Globe* tardó 84 días, 3 horas, 9 minutos y 30 segundos, con lo que, además, batió en más de tres días el anterior récord. Su nuevo desafío: circunnavegar el mundo en ochenta días, como dice el título precursor de la novela de aventuras de Julio Verne, escrita hace más de cien años.

LA *VENDÉE GLOBE*
Se inicia en 1989. Desde entonces, los navegantes desafían al mar en condiciones extremas. En realidad esta regata de 42 600 kilómetros se hace sin escalas, sin asistencia y en solitario. Las innovaciones técnicas mejoran constantemente la velocidad y la seguridad de los barcos, pero la victoria también se fragua en la mente de los navegantes.

EL RECORRIDO DE LA *VENDÉE GLOBE*

América del Sur
Océano Pacífico
Océano Atlántico
Antártida
Sables d'Olonne
África
Oceanía
Océano Índico
Asia

EL TROFEO JULIO VERNE
Esta regata nació en 1992 a partir del libro de Julio Verne *La vuelta al mundo en ochenta días*. Reúne todo tipo de barcos. Los marineros intentan batir récords de velocidad. En realidad, esta regata premia la vuelta al mundo en velero más rápida, en equipo y sin escalas.

EL SUEÑO DE UN VELERO VOLADOR

Desde siempre, los hombres han intentado volar. En la Antigüedad, cuenta la leyenda que Ícaro se lanzó desde lo alto de un acantilado de donde cayó al mar. Desde hace un centenar de años, el sueño de los hombres es una realidad.

UN CATAMARÁN VOLADOR

A principios del siglo XX, el hombre dirige su mirada hacia el cielo. Los primeros aeroplanos alzan el vuelo. En 1907, los hermanos Wright, los pioneros americanos de la aviación, fabrican un primer catamarán volador. Este barco con motor dotado de pequeñas alas se eleva ligeramente por encima de las olas.

Hacia el año 1950, otro americano une dos cascos de canoa, instala pequeñas alas y fija una vela. Su ingenio volador está listo. Su vuelo es todo un éxito. Se eleva durante un largo minuto por encima del agua.

FLOTADORES Y ALAS

En 1975, Éric Tabarly lanza de nuevo la idea de un velero volador. Este navegante francés con un excepcional palmarés era en realidad un apasionado de la construcción naval. Alas pequeñas, flotadores y casco central sobre el agua marcan el nacimiento del primer hidróptero.

En 1994, el hidróptero sale del agua. En la fotografía, junto a Alain Thébault, Éric Tabarly sujeta el volante. De año en año, arquitectos e ingenieros propulsan el hidróptero hasta la cumbre de la navegación a vela del futuro.

Un barco revolucionario

Varios ingenieros de la marina se han asociado a ingenieros aeronáuticos y aeroespaciales para concebir el hidróptero. Estos «cerebros» muy a menudo se quedan en tierra. Los más cuerdos o los más locos lo prueban en el mar. Estudian su velocidad, su estabilidad, los ángulos del viento y la resistencia de los materiales, ya que el hidróptero es un laboratorio de alta tecnología.

RÉCORDS EN EL VIENTO

En el año 2005, el hidróptero atraviesa la Mancha en treinta y cinco minutos. Bate en tres minutos el récord de Louis Blériot, un pionero de la aviación. En el 2008, supera los 86,8 km/h en quinientos metros, un nuevo récord. Actualmente, el equipo sueña con llegar a los 100 km/h: la barrera del viento, el equivalente a la barrera del sonido en la aviación. Y aún hay otra idea que les ronda por la cabeza: dar la vuelta al mundo en cuarenta días.

Sensaciones fuertes

Para salir del agua, el hidróptero debe alcanzar determinada velocidad. Pero si el viento es muy favorable, el despegue es prácticamente inmediato. A 20 km/h, el despegue es inminente. Las alas salen del agua. El hidróptero sube y puede elevarse hasta cinco metros por encima del mar. A velocidad máxima, el timonel no tiene la impresión de estar pilotando un barco, sino un planeador.

El velocista de los mares...
EL HIDRÓPTERO

El hidróptero es un híbrido entre pájaro y barco. Este velero volador es uno de los más rápidos del mundo. Entre mar y cielo, se lo observa en el Mediterráneo, frente a las costas de Marsella. Su nombre proviene de dos términos griegos que relacionan agua y ala.

El hidróptero es un trimarán, un barco de tres cascos. Mide 18,28 metros de largo y 24 metros de ancho.

EL MÁSTIL
mide veintiocho metros de altura.

EL CASCO PRINCIPAL
pesa alrededor de 1,5 toneladas. Está hecho de materiales compuestos como el carbono. El barco pesa 6,5 toneladas.

LA TRIPULACIÓN
se compone de seis a ocho hombres. Son hombres del mar, del viento, del aire, apasionados del deporte, la velocidad y la técnica. El jefe de la tripulación es Alain Thébault.

LA VELA MAYOR
mide 195 m². Las dos velas son el motor del barco.

LOS FLOTADORES.
Miden 6,7 metros de largo. Equilibran el barco sobre el agua. Son inútiles en el aire salvo en caso de choque.

EL TIMÓN
permite dirigir el barco.

LAS ALAS
permanecen en el agua cuando el barco sale de ella.

l'Hydroptère

EN LA ANTIGÜEDAD...

El mar está lleno de embarcaciones pequeñas que costean el litoral. Poco a poco los hombres devienen más temerarios y se aventuran con sus barcos de vela más allá del horizonte. Establecen relaciones comerciales con algunos pueblos.

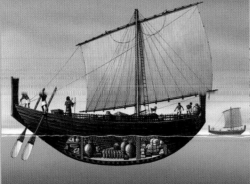

LOS BARCOS FENICIOS aseguran el comercio en el Mediterráneo.

LOS TRIRREMES. Armados con un espolón, estos navíos griegos pertenecen a la familia de las galeras.

EN LA EDAD MEDIA...

Vías acuáticas y vías terrestres transportan mercaderes, guerreros y mercancías. La fuerza del viento propulsa siempre los barcos. Los veleros se fabrican cada vez más abombados, más redondos y se arman con las primeras piezas de artillería.

EL DHOW. Su silueta robusta lleva peces y pasajeros al mar Rojo y al océano Índico.

LOS JUNCOS DE MAR transportan pasajeros y mercancías de un continente a otro.

EN LA ÉPOCA MODERNA...

El mundo cambia de dimensiones. Es la época de los descubrimientos y de los exploradores que parten hacia mares lejanos.
También es la época de los corsarios, los piratas y muy pronto de los marineros nacionales que conducen barcos pesados y robustos.

LOS GALEONES traen de América metales preciosos hacia España y Portugal.

EL BARCO NEGRERO transporta negros que se comparan con mercancías.

EN LOS SIGLOS XIX Y XX...

Nuevas siluetas surcan los mares: filibotes, bergantines, barcos terranova, goletas y después clíperes... Pero poco a poco los barcos de vela van desapareciendo del paisaje. Navíos de vapor, motor y acero triunfan en el mar. La mecánica sustituye al viento y a la fuerza humana.

LOS TERRANOVA transportan a los marineros que parten a pescar bacalao en el norte de América.

EL CLÍPER. Velas al viento, este barco transporta productos perecederos.

HOY Y MAÑANA...

Más barcos, velocidad, reglamentos, seguridad y tecnología han modificado la navegación y a menudo han mejorado la vida de las gentes del mar. La marina del mañana, menos contaminante y menos exigente en cuanto a energía, nos hace soñar...

UN PORTAAVIONES. Este navío de combate es una base aérea flotante.

UN BUQUE DE CARGA. El Beluga utiliza una cometa para economizar carburante.

LAS PIRAGUAS. A remos o a vela, sirven para la pesca por las costas africanas.

LOS VELEROS MERCANTES ROMANOS bordean el Mediterráneo con las calas llenas de mercancías.

EL CATAMARÁN. Con sus dos cascos, esta embarcación se dirige hacia las aguas del océano Pacífico.

EL *LANGSKIP*. Tallado en maderas procedentes de bosques de Europa del Norte, es el navío de los vikingos.

UNA CARRACA, o nao, se aventura hacia alta mar con pasajeros y mercancías a finales de la Edad Media.

LA CARABELA. Navío de los descubrimientos, surca el Atlántico, el océano Índico y el Pacífico.

LAS GALERAS. En la época de Luis XIV, la *Réale* estaba adornada con estatuas monumentales.

UNA FRAGATA. Ligero, rápido y manejable, este navío de guerra es codiciado por corsarios y piratas.

UN NAVÍO DE LÍNEA. Equipado con cañones en galerías cubiertas, es un navío de combate.

LOS BARCOS DE VAPOR. Con su casco de madera o de metal, triunfan sobre los veleros.

EL BUQUE DE PASAJEROS. Propulsado a vapor y con potentes motores, es un «gigante de los mares».

EL ACORAZADO. Fortaleza flotante, este navío resiste los disparos de obús gracias a su casco de acero.

UN BUQUE DE PASAJEROS. Con cinco velas y 305 m de largo, el *Eoseas* es un barco ecológico.

EL HIDRÓPTERO. Repleto de aparatos electrónicos, vuela por encima de las olas a toda velocidad.

UN YATE DE VELA. 88 m de largo: el *Maltese Falcon* es el velero privado más grande que existe.

¿Eres un buen conocedor de los conquistadores de los mares?

1 ¿Por qué denominamos a la Tierra el «planeta azul»?
A Porque tres cuartas partes de la Tierra están recubiertas por océanos y mares.
B Porque su cielo es azul.
C Porque los demás colores ya estaban asignados a los demás planetas.

2 ¿En las costas de qué continente atracó Cristóbal Colón?
A Asia
B América
C África

3 ¿Qué navegante demostró que la Tierra es redonda?
A Américo Vespucio
B Vasco de Gama
C Magallanes

4 ¿Quién es el capitán de la fragata de tres mástiles *La Boussole*?
A Vasco de Gama
B Jean-François de La Pérouse
C Zheng He

5 ¿Qué explorador llegó el primero al polo Sur?
A Roald Amundsen
B Fridtjof Nansen
C Robert Peary

6 ¿Cómo denominamos a la autorización para capturar navíos que se entrega a un corsario?
A Una orden de misión
B Una patente de corso
C Un salvoconducto

7 ¿Qué es una «insignia» para un pirata?
A Una casita
B Una bandera
C Un barco

8 ¿Qué buque de pasajeros consiguió en 1935 atravesar el Atlántico en poco más de cuatro días?
A El *Titanic*
B El *Mayflower*
C El *Normandie*

9 ¿Qué tipo de barco es el *Abeille-Flandre*?
A Un buque de carga
B Un remolcador
C Un buque de pasajeros

10 ¿Qué es un trirreme?
A Un buque de guerra
B Un buque mercante
C Un barco de crucero

11 ¿Cómo se desplazan los habitantes adinerados de Venecia?
A En góndola
B En piragua
C En carabela

12 ¿Con qué barcos partieron los vikingos a la conquista del mundo?
A Con los *langskips*
B Con juncos
C Con fragatas

13 ¿Qué pueblo de marineros inventó el primer alfabeto?
A Los árabes
B Los chinos
C Los fenicios

14 ¿Quién inventó la brújula?
A Los griegos
B Los chinos
C Los vikingos

15 ¿En qué libro cuenta Homero el viaje de Ulises?
A *El libro de las maravillas*
B La *Odisea*
C *Veinte mil leguas de viaje submarino*

16 ¿Qué nuevo aparato de submarinismo debemos al comandante Cousteau?
A La escafandra
B La campana submarina
C La bombona de aire

17 ¿Qué pueblo se denomina a sí mismo los «guerreros del mar»?
A Los vikingos
B Los griegos
C Los ingleses

18 ¿Qué vemos en la parte delantera de un barco?
A Un mascarón de popa
B Un mascarón de proa
C Un timón de codaste

19 ¿Por qué razón era tan importante el limón para los marineros?
A Les ayudaba a luchar contra el escorbuto, la peste del marino.
B Daba mejor sabor al pescado.
C Les permitía lavarse los dientes sin dentífrico.

20 ¿Frente a las costas de qué cabo se enfrentaron el *Redoutable* y el *Victory*?
A El cabo de Buena Esperanza
B El cabo de Hornos
C El cabo de Trafalgar

Respuestas:

Si has obtenido 20 respuestas correctas, ¡muy bien! Si no, vuelve a leer el libro...

1 A (véase pp. 8-9); 2 B (véase pp. 30-31); 3 C (véase pp. 26-27); 4 B (véase pp. 40-41); 5 A (véase pp. 50-51); 6 B (véase pp. 32-33); 7 B (véase pp. 36-37); 8 C (véase pp. 46-47); 9 B (véase pp. 56-57); 10 A (véase pp. 12-13); 11 A (véase pp. 22-23); 12 A (véase pp. 18-19); 13 C (véase pp. 10-11); 14 B (véase pp. 24-25); 15 B (véase pp. 14-15); 16 C (véase pp. 54-55); 17 A (véase pp. 16-17); 18 B (véase pp. 18-19); 19 A (véase pp. 42-43); 20 C (véase pp. 44-45).

Índice

67

Créditos fotográficos

a = arriba, ab = abajo, c = centro, d = derecha, iz = izquierda

pp. 8-9: Gilles Martin-Raget/Hoa-Qui/Eyedea, p. 14 aiz: The Art Archives/Bibli. des Arts Décoratifs/Dagli Orti, p. 14 ciz: The Art Archives/National Archeologic Museum Athens/Dagli Orti, p. 14 abiz: Louisa Ricciarini/Leemage, pp. 20-21: J-L. Dugast/Hoa-Qui/Eyedea, p. 24 ad: Akg-images, p. 24 ab: Akg-images, pp. 24-25: British Museum/AKG, p. 25 aiz: Bibliothèque Nationale/Akg, p. 25 ad: Eyedea, p. 25 ciz: Akg-images, p. 25 cd: Akg-images, p. 25 ab: Akg-images, p. 27 a: The Art Archives/Dagli Orti, p. 27 ab: Aisa/Leemage, pp. 30-31: Fotos International/Gamma/Eyedea, p. 30: Courau Jean-Pierre/Keystone-France/Eyedea, p. 31: Eric Chrétien/Hoa-Qui/Eyedea, p. 35 a: Akg, p. 35 ca: Akg/British Library, p. 35 cab: Akg/British Library, p. 35 ab: Rue des Archives, pp. 36-37: Collection Christophe L, p. 38: The Granger Collection/Rue des Archives, p. 39 iz: The Granger Collection/Rue des Archives, p. 39 d: British Library/The Art Archive, p. 42 a: Michaud Roland et Sabrina/Rapho/Eyedea, p. 42 ciz: Sotheby's/Akg-images, p. 42 cd: Cameraphoto/Akg, p. 43 ad: colección del Musée de Fécamp (76), p. 43 ciz: Sudres/Top/Eyedea, p. 43 cd: Larrea/Age/Hoa-Qui/Eyedea, p. 43 ab: Akg-images, pp. 46-47: Gustave Le Gray/París, Musée d'Orsay/RMN, p. 46 iz: North Wind Picture/AKG, p. 46 d: Akg-images, p. 47 iz: Sotheby's/Akg-images, p. 47 c: Mary Evans/Keystone/Eyedea, p. 47 d: Keystone/Eyedea, pp. 48-49 Edwin Levick/Hulton Archive/Getty Images, p. 51 abiz: Gamma/Eyedea, p. 51 a: Akg-images, p. 51 c: Akg-images, p. 51 abd: D. Aures/Jacana/Eyedea, pp. 54-55: Jonathan Blair/Corbis, p. 58 aiz: The Granger Collection/Rue des Archives, p. 58 ad: National Geographic Society, p. 58 abiz: J. Bernard/DPPI, p. 58 abd: PPL Photo Agency, p. 59 a: Benoît Stichelbaut/DPPI, p. 59 ab: Yvan Zedda/Foncia/AFP, pp. 60-61: Céline Lévy/Hydroptère.com, p. 60 a: Mary Evans/Eyedea, p. 60 c: Gamma/Eyedea, p. 60 ab: Philip Plisson, p. 62 a: Roland et Sabrina Michaud/Rapho/Eyedea, p. 62 c: Mary Evans/Eyedea, p. 62 ab1iz: colección del Musée de Fécamp, p. 62 ab1d: Lebreton/Mary Evans/Eyedea, p. 62 abiz: Eric Bouvet/Gamma/Eyedea, p. 62 abd: © 2009 SKYSAILS GmbH & Co KG, p. 63 aiz: Michel Renaudeau/Hoa-Qui/Eyedea, p. 63 ac: Dagli Orti, p. 63 ad: Mary Evans/Eyedea, p. 63 a1: ADPC/Keystone/Eyedea, p. 63 ciz: Musée National de la Marine/P. Dantec, p. 63 cd: 1587/Musée de la Marine/Gamma/Eyedea, p. 63 abiz: Josse/Leemage, p. 63 abc: Keystone/Eyedea, p. 63 abd: Keystone/Eyedea, p. 63 ab1iz: EOSEAS, Concept Ship/STX, p. 63 ab1c: Céline Lévy/Hydroptère.com, p. 63 ab1d: Perini Navi/Sargentini. Cubierta: Philip Plisson.

Leyendas complementarias
p. 43 ad y p. 62 ab1iz: *Le trois-mâts Thémis*, 1887, por Eugène Grandin (1833-1916), colección del Musée de Fécamp (76).
p. 63 ciz: maqueta de la galera armada *Réale*, vista delantera de 3/4, siglo XVIII, colección del Musée National de la Marine.

Ilustraciones

Los dibujos de las páginas 8-9, 28, 32-33, 34 y 44-45 han sido realizados por Rémi Saillard y los de las páginas 10, 12-13, 16-17, 20-21, 22-23, 48, 57 y 58-59 por Béatrice Veillon. Sumario y cuestionario: Rémi Saillard.

pp. 10-11: Donald Grant, pp. 12-13: Amélie Veaux, pp. 14-15: Joan Torton, pp. 16-17: Pierre Marie Valat, pp. 18-19: Olivier Nadel, p. 21: Donald Grant, pp. 22-23: Amélie Veaux, p. 24 iz: Vincent Protoy, p. 24 d: Gérard Marié, pp. 26-27: Emmanuelle Étienne, pp. 28-29: James Prunier, pp. 32-33: Marc Simonetti, pp. 34-35: Bruno David (sobre un escenario de F. de Watrigant), p. 36: Bruno David, pp. 36-37 (banderas): Tom Sam You, p. 38 a: Donald Grant, pp. 38-39: Loïc Derrien (sobre un escenario de S. Bataillon), pp. 40-41: Emmanuelle Étienne, p. 42 ab: Goulven Gallais, p. 43 iz: Jean-François Solmon, p. 43 d: Gérard Marié, pp. 44-45: Olivier Nadel, p. 50 (marco del cómic): Donald Grant, pp. 50-51: Nicolas Wintz, pp. 52-53: Matthieu Bonhomme, p. 54: Laurent Lolmède, pp. 56-57: Caroline Picard, p. 59 (mapa): Nausicaa, p. 62 aiz: Donald Grant, p. 62 ad: Patrick Deubelbeiss, p. 62 a1d: Donald Grant, p. 62 cd: Ginette Hoffman, p. 63 aiz: Olivier Nadel, p. 63 ad: James Prunier, p. 63 c: Olivier Nadel.

Agradecimientos

Gracias a la redacción de la revista Images Doc y, por su atenta relectura, a Murielle Machicot, encargada del público juvenil, y Didier Frémond, responsable de relaciones con el público del servicio cultural del Musée National de la Marine, Palais de Chaillot, 17, place du Trocadéro, 75116 París.